U0704454

制度环境视角下技术创新失败企业的再创新机理研究

熊　壮　著

中国财经出版传媒集团

中国财政经济出版社

图书在版编目（CIP）数据

制度环境视角下技术创新失败企业的再创新机理研究/
熊壮著. -- 北京：中国财政经济出版社，2021.5

ISBN 978 - 7 - 5223 - 0440 - 3

Ⅰ.①制… Ⅱ.①熊… Ⅲ.①环境政策－影响－企业－
管理－技术革新－研究－中国 Ⅳ.①F279.23

中国版本图书馆 CIP 数据核字（2021）第 050078 号

责任编辑：彭　波　　　　　责任印制：史大鹏
封面设计：卜建辰　　　　　责任校对：徐艳丽

中国财政经济出版社 出版

URL：http://www.cfeph.cn

E－mail：cfeph@cfeph.cn

（版权所有　翻印必究）

社址：北京市海淀区阜成路甲 28 号　邮政编码：100142

营销中心电话：010 - 88191522

天猫网店：中国财政经济出版社旗舰店

网址：https://zgczjjcbs.tmall.com

北京财经印刷厂印刷　各地新华书店经销

成品尺寸：170mm×240mm　16 开　13.25 印张　167 000 字

2021 年 5 月第 1 版　2021 年 5 月北京第 1 次印刷

定价：68.00 元

ISBN 978 - 7 - 5223 - 0440 - 3

（图书出现印装问题，本社负责调换，电话：010 - 88190548）

本社质量投诉电话：010 - 88190744

打击盗版举报热线：010 - 88191661　QQ：2242791300

前　　言

创新驱动发展战略的实施推动了我国科技创新水平的显著提升，技术进步促进了经济发展稳步增长。与此同时，技术创新的不确定性，以及市场竞争强度和创新维度的升高，进一步加剧了技术创新的高风险性，企业技术创新失败客观存在。受"反失败"偏见思想的影响，对于技术创新失败现象并未引起传统创新研究和创新实践的广泛关注。在不确定条件下，技术创新往往是成功与失败相互演进的过程，技术创新的失败结果不仅给企业带来巨大的成本损失，也一定程度上打击了技术创新失败企业的再创新意愿，抑制了后续的技术创新行为，影响了创新绩效。因此，对企业技术创新失败及其再创新行为的问题探讨，正成为创新管理研究领域的热点议题。

技术创新的实验性质决定了失败现象发生的可能，且技术创新过程受到多方面因素的影响。理论研究和实践探索发现，企业自身的要素资源不足、技术能力欠缺、产品与市场定位错误等方面的技术障碍是造成技术创新失败的主要原因，而制度环境与技术创新过程的不匹配也可能影响技术创新成败，进而制约创新失败企业的再创新行为。但受制于"反失败"偏见以及失败归因的复杂性，制度环境与企业技术创新失败的内在关系的具体表现是什么，既有研究并没有给出较为清晰地解答，尤其是对于创新失败企业的再创新行为问题，制度环境会不会影响创新失败企业的再创新决策和再创新过程？这种影响是如何作用？现有文献均缺乏深入探讨。因此，需要从制度环境视角理清技术创新失败企业的再创新机理，探索制度环境对企业技术创新失败的影响，分析制度环境与创新失败企业再创新决策的关系，以及制度环境在失败再创新投入对企业绩效影响关系中的调节效应。以期研究结论进一步帮助政府部门意识到制度环境与企业技术创新失败关系问题的重要性，从而为政府部门从制度环境视角对企业再创新行为进行干预提供理论参考和决策支持。

为解决上述问题，本书对研究问题所涉及的核心概念和相关理论进行了梳理，从政府干预水平、金融发展水平和法律环境水平三个方面，利用 2008～2014 年医药制造业上市企业的相关数据，通过构建多元回归模型，实证检验了制度环境对技术创新失败的影响机理，分析了制度环境在失败再创新投入对企业绩效影响关系中的调节效应。采用博弈论方法建立了政府制度环境优化与创新失败企业再创新决策之间的演化博弈模型，探讨了制度环境与创新失败企业再创新决策的关系。在上述研究的基础上，从制度环境的视角，利用系统动力学方法构建了技术创新失败企业再创新支持系统的动态模型，并对系统的运行效果进行了模拟仿真，提出了技术创新失败企业的制度环境优化对策。本书的主要研究内容和创新点主要体现在以下四个方面：

（1）分析了制度环境对企业技术创新失败的影响机理。实证检验发现，政府干预与企业技术创新失败之间存在倒 U

形关系，当政府干预程度低于某一临界值时，通过政府干预可以显著地降低企业技术创新的失败概率，而当政府干预程度高于这一临界值时，过度的政府干预则会造成企业技术创新失败概率的提升。金融发展水平对企业技术创新失败呈现显著的负向影响，并且地区金融发展水平越高，会进一步降低政府干预对企业技术创新失败的影响效用，更加突出企业自身在技术创新过程中的主体作用。而依据所有制性质的分组检验发现，相比于非国有企业，法律环境水平的提升对国有企业技术创新失败的影响更加明显，能够显著降低国有企业技术创新失败的概率。而且在政府与市场关系相对较强的环境中，金融业的市场化和法律环境水平并不是影响企业技术创新失败的制度环境原因。相关研究结论有助于对技术创新失败问题的进一步认识和技术创新失败的追源，扩展了创新失败问题的研究思路。

（2）探讨了制度环境与技术创新失败企业再创新决策的博弈关系。研究发现，通过制度环境的优化能够促进技术创新失败企业的再创新决策。再创新决策是在先前技术创新失败基础上进行的企业后续创新行为的选择过程，由于受到先前失败经历的影响，技术创新失败企业往往过高估计了再创新难度和谨慎判断未来创新收益。通过政府部门制度环境的优化，一方面帮助技术创新失败企业正确审视失败与再创新的关系；另一方面也能够提高企业再创新收益，降低再创新成本，从而形成政府制度环境优化与企业再创新行为决策之间良好的协同效应，提升创新环境水平。取得的研究结论进一步丰富了创新失败和后续创新行为关系的研究边界。

（3）揭示了制度环境在失败再创新投入对企业绩效影

响关系中的调节效应。创新失败企业再创新投入对企业绩效呈现显著的正向影响，失败再创新投入强度的增加会带动企业绩效的提升。并且，政府干预水平和金融发展水平在创新失败企业再创新投入与企业绩效的关系中分别起到了显著地负向调节和正向调节作用，而法律环境水平的调节效应并不明显。此外，在区域和所有权的异质性分样本检测中发现，东部地区的上述影响关系更加突出，而且金融业市场化程度的提升，会有进一步增强国有企业失败再创新投入对企业绩效的提升效应。研究结论丰富了制度环境与企业再创新关系的研究内容，对深入理解制度环境在企业再创新活动的作用具有重要启示。

（4）从制度环境视角建立了技术创新失败企业再创新支持系统。基于技术创新失败企业再创新支持系统的模拟仿真结果发现，政府部门对制度环境的优化，不仅能够显著降低技术创新失败企业数量，提高失败再创新企业数量，而且能够明显提升企业自身的市场收益，进一步扩大政府的财政收入。通过加强人才政策、金融政策和研发补贴强度对技术创新企业的支持能降低其创新失败的可能性，而法律环境建设强度的提升不仅使企业技术创新失败率下降，也会促进创新失败企业的再创新行为，从而为政府部门进一步完善创新行为干预政策提供理论依据和决策支持。

作者

2021 年 1 月

目　　录

第一章　导论 ……………………………………………………… 1

　　一、研究目的与意义 …………………………………………… 2

　　二、国内外研究现状 …………………………………………… 5

　　三、研究内容与方法 ………………………………………… 14

第二章　基本理论分析 ………………………………………… 19

　　一、相关基础理论 …………………………………………… 20

　　二、相关概念界定 …………………………………………… 37

　　三、技术创新失败企业再创新决策的行为特点 …………… 48

　　四、理论分析框架的构建 …………………………………… 51

第三章　制度环境对企业技术创新失败的影响机理 ………… 55

　　一、问题的提出 ……………………………………………… 56

　　二、理论分析与研究假设 …………………………………… 57

　　三、研究方法 ………………………………………………… 63

　　四、结果分析与讨论 ………………………………………… 70

　　五、进一步讨论 ……………………………………………… 85

制度环境视角下技术创新失败企业的再创新机理研究

第四章　制度环境优化与创新失败企业再创新决策的博弈关系 …… 91

一、问题的提出 ……………………………………………… 92

二、制度环境优化与失败企业再创新决策的演化博弈模型 …… 94

三、参数分析与数值仿真 …………………………………… 104

第五章　失败再创新与企业绩效：制度环境的调节效应 ……… 117

一、问题的提出 ……………………………………………… 118

二、理论分析与研究假设 …………………………………… 119

三、研究设计 ………………………………………………… 123

四、结果分析与讨论 ………………………………………… 127

第六章　制度环境视角下企业再创新支持系统动态模型与干预

对策 ……………………………………………………… 143

一、问题的提出 ……………………………………………… 144

二、系统结构分析 …………………………………………… 145

三、系统动力学模型 ………………………………………… 149

四、模拟仿真与结果分析 …………………………………… 159

五、对策建议 ………………………………………………… 168

第七章　全书总结与研究展望 ………………………………… 175

一、全书总结 ………………………………………………… 176

二、研究结论 ………………………………………………… 177

三、本书创新点 ……………………………………………… 179

四、研究局限与展望 ………………………………………… 180

参考文献 ……………………………………………………… 183

· 2 ·

制度环境视角下技术
创新失败企业的
再创新机理研究
Chapter 1

第一章 导　论

一、研究目的与意义

(一)研究目的

既有理论和现实发展表明技术创新对经济增长起到了重要作用。近年来,在创新驱动发展战略引领下,我国科技创新水平得到显著提升,经济发展稳步增长,据"十三五"国家科技创新规划中的数据显示:2015年,国家综合创新能力跻身世界第18位,科技进步贡献率从2010年的50.9%提高到2015年的55.3%[1]。与此同时,技术创新的不确定性,以及市场竞争强度和创新维度的升高,加剧了技术创新的高风险性,企业技术创新失败客观存在。相关数据显示,在美国AMD等公司中,技术创新项目的商业成功率仅为30%[2]。在对我国六大产业2130家企业开展的技术创新项目调查发现,有1884家企业的技术创新活动被中止或失败,占总数的88.45%[3]。但由于"反失败"偏见的存在[4],技术创新失败在传统创新研究和实践过程中并没有引起广泛的关注,技术创新失败在给企业带来巨大成本损失的同时[5],更可能在一定程度上打击企业创新积极性,制约其后续创新行为,影响创新绩效。因此,如何正确审视技术创新失败,剖析技术创新失败的原因,提升企业技术创新积极性正成为创新管理领域的研究热点问题。

学界对于创新失败问题的研究才刚刚起步,尚未形成较为完整的研究框架,对其问题的解答也并不系统,从而导致了对技术创新失败原因的观点存在分歧,不同的研究往往给出的研究结论具有差异。从创新系统理论来看,技术创新失败受到内部系统不确定(技术跨越过程中的技术障碍引起创新失败[6])和外部系统不确定(技术创新受市场、体制、机制等方面的影响导致创新成果商业化失败[7])的共同影响，比如 Laranja 等[8]的研究发现技术创新失败的主要原因是由于创新产品本身没有在市场中实现其自身价值，技术本身对失败结果的影响并不明显。而 Woolthuis 等[9]则认为因企业技术资源和能力水平不足形成的技术障碍是造成技术创新失败的根源所在。可以看出，内部环境的不确定性和外部环境的不确定性均会在一定程度上影响技术创新的成败，而制度环境恰恰是企业外部环境重要的组成部分。我国经济正在处于关键的转型时期，政府对生产要素资源分配的引导性和中国情境下企业创新活动的独特性[10]，在一定程度上决定了以政府干预、法制环境、金融发展为主的制度环境因素，对我国企业技术创新活动的影响可能更为深远，即制度环境的不匹配可能是导致企业技术创新失败的原因所在，并进一步制约了创新失败企业的再创新行为和绩效。那么，这种差异化的制度环境是如何影响企业技术创新失败，制度环境不同的内在维度的作用过程又是如何，需要深入的分析和详细的解答，并通过实证数据予以支持。

进一步地，对技术创新失败问题的剖析需要考虑失败结果与后续创新行为的关系。技术创新的实践发现，技术创新失败不仅企业带来较大的成本损失，也会给技术创新者造成一定的负性情绪，影响其再创新的意愿[11]。对于创新失败企业再创新行为的促进，一方面可以通过对失败资源的再配置来减低先前的失败损失，缓解企业再创新活动的资源不足[12]；另一方面可以通过对先前失败经验的学习，查找自身的不足，增强再创新的信心[13]。可以看出，对于创新失败再创新行为的影响，已有研究多是从企业内部的自身角度进行探讨，忽略了外部环境尤其是制度环境对再创新行为的影响。一般而言，制度环境能够给予技术创新活动良好的外部资源支持[14]，并且制度环境的优劣也可能在一定程度上影响创新者的积极性和创新产出效率。因此，有必要进一步分析制度环境是否能够驱动创新失败企业再创新行为，并探讨制度环境在企业再创新投入

· 3 ·

和企业绩效之间的作用机理。此外，如果制度环境对技术创新失败的影响关系存在，并且会进一步对创新失败企业再创新行为产生作用，那么如何通过制度环境对技术创新失败企业予以支持也需要进一步剖析。

综上所述，本书从制度环境的视角深化对企业技术创新失败问题的认识和技术创新失败的追溯，通过实证分析揭示中国情境下制度环境因素对企业技术创新失败的影响机理，探讨制度环境对企业再创新决策的驱动效应，分析制度环境在企业再创新投入和企业绩效之间的调节效应，探索制度环境对创新失败企业再创新行为的支持路径以及制度设计。

（二）研究意义

针对如何降低企业技术创新失败率，提升企业绩效。既有研究探讨了技术创新失败的标准、特征和影响因素；还重点分析了失败学习对于后续创新行为的影响。但对于在中国情境下企业技术创新失败与制度环境，以及制度环境和创新失败企业的再创新行为、绩效的作用影响关系，现有文献的关注不足，相关研究还缺少较为深入的研究。

此外，在我国经济社会长期发展过程中，技术创新只许成功不许失败的逻辑思维已严重制约了当前创新驱动发展战略的实施，在一定程度上造成企业技术创新裹步不前，正确审视创新失败成为增强创新活动积极性的关键[15]。因此，我国在 2016 年政府工作报告中就把"大力弘扬创新文化，厚植创新沃土，营造敢为人先、宽容失败的良好氛围"，作为政府重点工作之一[16]。对技术创新活动要宽容失败的呼声不断高涨，如何构建相应的容错机制已成为我国优化创新环境过程中亟待解决的问题。基于上述背景，本书从理论分析和实证检验两个方面探讨制度环境对企业技术创新失败的作用影响，以及在何种制度环境下更能促进失败企业的再创新决策和提高企业绩效，并建立制度环境对创新失败企业再创新的支持系统。研究意义主要体现在：

（1）理论意义：揭示制度环境因素对企业技术创新失败的影响机理，分析制度环境对创新失败企业再创新决策的驱动作用，以及在企业再创新投入与企业绩效关系中的调节效应，建立制度环境对创新失败企业再创新的支持系统，改变现有创新领域研究中较多关注创新成功的传统思路，进一步丰富中国情境下有关企业技术创新失败的理论探讨。

（2）实践价值：为进一步促进相关政府职能部门完善科技创新制度环境建设提供政策建议，从而为激发创新失败企业的再创新行为形成良好的制度保障，实现提升企业技术创新成功率，提高企业绩效的目标。

二、国内外研究现状

（一）创新失败的标准及影响因素

失败问题源于畑村洋太郎提出的失败学理论[17]，并逐渐引起理论界的关注，相关研究内容逐步向项目管理领域扩展、延伸。既有研究从项目失败的决定要素、项目成败标准、项目失败原因以及失败项目资源再利用等方面对失败项目进行了研究。也有部分学者认为失败是指由于欠缺达到目标的资源而不得不终止现行工作，而且大多数失败源于高层管理团队对于战略的自满自得，其决定因素可归为环境因素、生态因素、组织因素与心理因素四类[18]。针对失败事件的分析，通常采用失败树的方法从失败路径、失败过程[19]、主要风险因素及风险控制条件[20]等方面进行分析。对于项目成败标准的认定也在铁三角标准（即时间、费用、质量）的基础上不断细化，扩展到社会满足度、时间维、程度维及层次维等多重标准视角[21-22]。对失败资源再配置利用，以及从失败经历中吸取经验是进一步减少失败损失，提升项目成功概率的关键所在[23]。

内生增长理论表明技术进步是经济增长的决定因素[24]，由于科技创新的不确定性以及高风险性，创新失败客观存在[25]，理论界和实务界近年来越来越关注企业创新失败问题。关于创新失败标准，Schumpeter在对创新概念定义时就指出，创新主体是否获得预期的经济利益是判断创新成败的标志，Freeman在此基础上对创新成败标准进行扩展，认为是否通过技术创新建立起有效的市场也是创新成功的主要标志[26]。但随着对创新认识的不断深入，对于创新"预期"的理解不仅依照经济学视角来衡量，标准的界定视角和维度需要更加全面广泛，例如傅家骥等[27]学者就认为创新成功与否需要衡量创新主体素质的提高，即创新主体的技术创新能力和创新管理经验是否得到增强。尹贻林、胡杰[28]从利益相关者的角度认为，要充分考虑不同利益相关者在创新项目中多样化需求，形成项目的核心价值，当达到所有利益相关者最终都满意的结果，这样的技术创新可以被认为是成功的项目。林鸣等[29]建立起基于生命周期理论的创新成功标准系统，将创新成功分为"研发成功标准""转化成功标准""商业化成功标准"。李立江[30]从客户对项目的需求、项目产生的经济效益、社会影响、环境影响等系统理论视角重新审视创新项目成败标准。彭福扬等[31]也认为技术创新是自然技术创新、社会技术创新和人文技术创新的有机统一，创新成功的标准需要考虑社会效益、经济效益、生态效益等多个维度。

从表1-1可以看出，既有研究对于创新失败的判定标准缺乏明确统一的认识，但以"是否达到预期"为失败判断标准已取得广泛共识，因此对创新失败的界定，需要结合具体研究对象对预期目标进行有甄别的细化界定。

表 1 - 1 　　　　　　　　　　　　**创新失败标准的界定**

界定视角		判断标准	代表学者
1	经济学理论	经济利益	获得预期经济利益	Schumpeter
		市场规模	建立起有效的市场	Freeman
		创新主体素质	技术创新能力和经验增强	傅家骥
2	利益相关者理论		不同相关者的利益都得到满足	尹贻林、胡杰
3	生命周期理论		研发失败、转换失败和商业化失败	林鸣
4	系统理论		社会、经济、生态等多个维度	李立江、池重、彭福扬

资料来源：作者整理。

对于创新失败的影响因素，既有研究认为企业创新失败受多种因素的影响，大体可以分为受技术障碍因素和外部环境因素两大类别。在技术障碍因素方面，Van der Panne 等[32]认为企业在技术创新过程中，由于在知识资源、技术能力等方面创新能力不足，形成了导致创新失败的技术障碍。Woolthuis 等[9]也指出以知识资源、技术能力、产品与市场定位、界面效率等技术障碍因素是企业在技术跨越过程中影响企业技术创新失败的主要原因。随着对技术创新概念理解的不断深化，越来越多学者注重从非技术角度审视创新失败的影响因素，外部环境因素的关注重点集中在环境关系、外部资源获取、市场激励等方面，Laranja 等就认为技术创新失败的主要原因是没有被市场所选择，而不是技术本身的发展与变革能力[8]。Mitchell 等[33]认为外部企业关系网络能力欠缺、竞争对手优势等环境系统的不协调也会在一定程度上造成创新失败。也有学者指出企业外部资源获取不足也是造成创新失败因素之一，Lhuillery 等[34]对各类企业技术创新失败的案例研究发现，创新失败主要不是由组织内部的制度引起，而主要是由于诸如产业政策等资源支持不足导致的技术扩散或创新滞后形成的被动性创新中断。市场失灵所引起的外部性失衡导致的企业创新动力不足、创新效率低下也是创新失败不容忽视的原因，强调企业对产品或服务价格的影响与控制所体现出的市场支配力量对技术创新效能的作用，认为市场势力不足将导致企业创新被迅速模仿及利润受损，进而影响到企业能否在市场上获得足够的技术创新资源[35]，这类研究偏重于创新市场失灵带来的创新不足以及市场势力带来的研发弱化形成的创新性障碍，其本质是技术创新外部经济性失衡引起的弱创新动力降低了企业技术创新效率。

从上述分析可以看出，技术障碍因素和外部环境因素是既有研究关于创新失败影响因素的两大观点（如表1-2所示），对于我国企业来说，既有市场、体制、机制等方面的原因，也有技术资源、能力、产品与组织等因素的影响，尤其是在当前经济转型发展背景下，企业的技术创新往往会受到法律环境、金融发展水平、政府干预等制度环境的影响。那么，在中国情境下究竟是什么原因导致企业技术创新失败？制度环境是否在其中发挥主要作用？现有文献还有没有给出较为清晰的回答。

表1-2　　　　　　　　创新失败的影响因素

影响维度	影响因素
技术障碍	知识资源不足
	技术能力欠缺
	产品与市场定位错误
	界面效率不足
外部环境	资源获取不足
	市场支配力量欠缺
	外部支持不足

资料来源：作者整理。

（二）制度环境对创新行为的影响

关于制度环境问题的探讨源于社会经济网络和地域嵌入的相关研究，涉及劳动力市场、金融市场、知识产权和产品市场竞争等多个方面[36]。制度理论认为，制度环境是组织在环境中所必须遵守的规则和要求，组织通过制度环境的强制和规范，从而保持与社会要求的一致性，获得合法性、稳定性和社会支持。由于制度质量一定程度上决定了组织生产活动过程中的资源配置，因而良好的制度环境会对促进企业技术创新投入，提升企业创新绩效。North[37-38]和Baumol[39-40]的系列研究就发现，企业的创新活动往往取决于制度环境特征[41]，并根据制度环境的变化动态调整自身的创新战略[42]，即功能性较强的市场环境能够显著正向激励企业创新[43]，通过促进企业的研发投入间接影响技术创新[44]。由此，制度环境作为企业技术创新重要的影响因素也逐步引起了学界的广泛关注。

现有研究表明，制度环境所表现出的环境规制和规范压力所形成的合法性要求能够促进企业技术创新的动机，尤其是环境污染行业，来自污染治理的制度压力往往是企业进行技术创新活动的外在动力，Berrone等[45]的研究就指出，尤其是对于在污染治理存在严重缺陷的企业，环境规制所形成的制度压力可以极大地触发企业技术创新。而从经济学视角来看，制度环境的动态变化会对企业技术创新行为产生显著影响，尤其是在新兴经济体中，由于制度体系的不完善和缺失，制度环境对企业创新投入或创新绩效的影响更为显著。Gittelman[46]的研究发现，国家间或国家内部的制度环境并不是静态不变的，不同的制度逻辑从而导致企业技术创新投入和产出的巨大差异。李玲和陶厚永[47]基于中国情景的研究发现，造成中国创新能力普遍较低的原因之一就在于，经济结构转型过程中，缺少与激励创新与创业活动相匹配的经济社会制度。

由于制度环境表现形式的多样性，相关学者进一步探讨了制度环境不同维度与创新行为的影响关系。在法律环境方面，知识产权保护制度是企业创新活动重要的法律保障，创新环境的法律质量直接影响企业对技术创新成果剩余价值获取的安全性[48]。Nelson[49]和Arrow[50]的研究指出，技术创新具有明显的正外部性特征，因而企业领先的技术创新产品和服务往往很容易被竞争者进行模仿，导致企业难以获得技术创新所产生的全部收益，技术创新的正外部性存在一定程度上造成了市场失灵问题，即由于难以保证创新企业获得研发投资的全部收益，极大地降低了企业对风险大、投入高、周期长的技术创新活动进行投资的积极性。而完善的知识产权保护制度恰恰是保障企业技术创新成果不被竞争者模仿、侵权的有效机制，从而确保企业获得技术创新的合法收益。国内外学者的研究结果均表明，知识产权保护水平的提升，能够对企业技术创新行为产生显著的刺激效应[51]，Ginarte 和 Park[52] 研究发现，地区专利保护与企业技术创新投入之间存在较强的关系，地区专利强度越高，越能够促进企业技术创新投入强度。Lin 等[53] 的研究也表明，通过产权保护能进一步提升企业的技术创新倾向。企业所在地区的知识产权保护水平越高，越能够促进企业的技术创新活动，提高其技术创新投入强度[54]。因此，推动企业技术创新能力的提升必须建立与经济发展相适应的以知识产权保护制度等为代表的法律环境。

在政府干预方面，企业所处地区政府干预水平越低，能够减少因政治目标对创新投入的影响[55]。而现有研究也发现，政府对企业技术创新行为的支持和激励政策，会显著的促进企业自有的研发投资，提升企业的创新绩效。尤其是在中国经济结构转型的时期，相关体制机制的不完善，尤其是政治体制改革和经济体制改革步调的不一致，进一步加剧了政府对经济的干预[56]。政府会通过"看得见的手"对企业的生产经营活动进行一系列的正式制度安排，从而引导和约束企业的生产经营行为，来实现社会经济的协调发展。政府对企业技术创新行为的支持政策以及税收优惠、资金补贴、政府购买等创新补贴方式，分摊了企业技术创新投入的资金压力，对企业技术创新投入的提升作用明显，促进企业更多的创新产出。与此同时，理论研究和实践探索也发现，在市场化改革进程中，政府对生产要素资源配置的主导作用会在一定程度上弱化了市场对要素资源流动的基础性作用[57]。并且，强制性、过度性的政府干预也会对企业的生产经营活动产生影

第一章 导 论

响，政府干预程度越大，越会约束企业的资源获取，减弱了企业的竞争优势，从而抑制了企业技术创新投入，而当这种过度的政府干预逐渐减弱，则会明显提升企业创新资源获取的渠道和自由度。进一步表明，当政府干预程度过度时，企业的技术创新活动是低效率的，尤其是政府干预越严重，这种低效率现象越明显。张杰等[58]的研究就发现认为，由于我国在经济转型过程中要素市场与产品市场的市场化进程的不匹配，低廉的生产要素资源和政府有力的政策干预，为企业寻求政治关联提供了强大的动力支持，因此将有限的要素资源投入到政企关系建立等非技术创新活动中。陈爽英[59]的研究进一步发现，当企业利用信息伪装、寻租等方式建立了政治关联，会倾向于将要素资源投入到收益周期短、经营风险低的项目中，而排斥收益周期长、投资大、风险高的技术创新项目，从而制约了创新活动的顺利开展。

在金融发展水平方面，金融发展水平越高，则会为企业提供较好的外部资金支持，降低企业的外部融资难度，使企业倾向进行创新活动并提高研发投入强度[60]，而对于不同所有制类型的企业，其影响程度也呈现出显著差异[61]。由于资本市场在各地区存在的显著差异，也就导致各地区金融发展水平的不同，进而造成不同地区的企业面对的融资方式和途径存在差异性。对于发达经济体国家而言，其健全的金融市场扩大了企业创新活动的资金来源渠道，特别是股权融资，有效缓解了企业技术创新过程中的融资约束[62]。与之相比，对于新兴经济体，尤其是我国现实情境而言，金融业发展水平的相对滞后以及资本市场的不完善，造成企业的技术创新活动更多地依赖于自有资金，给企业带来了极大的外部融资压力[63]。此外，张一林[64]等人的研究也发现，在企业外部融资方式的选择上，股权融资相较于债权融资更具优势，能够显著的降低企业外部融资过程中的逆向选择和道德风险。

从既有研究中不难看出，较高的市场化程度、良好的法制和融资环境，能够影响企业技术创新投入，促使企业不断提升自身的创新能力，制度环境是影响企业创新投入和创新绩效的重要因素。

· 11 ·

（三）创新失败与后续创新行为的关系

根据失败学理论，理论界和实践界逐渐认识到创新失败中所蕴含的价值，自 McGrath 研究之后，对于创新失败价值的识别逐渐得到关注，即从创新失败中可以得到什么的问题。Stokes 等[65]认为，经历过创新失败的企业在机会识别、利用的能力上往往比初次创新表现更强，这在一定程度有助于降低创新活动的不确定性，从而提高创新失败企业的后续创新意愿[66]。从资源管理角度来看，失败经验能够促进创新失败企业在资源管理方面能力的提高[67-68]。而从管理者和研发人员的自身价值方面来看，部分学者认为创新失败能够激发自我学习[69]，提升自身能力的主观能动性，使其在创新过程中决策判断更加成熟理智，应挫能力和宽容失败的态度显著提升。但也有学者提出了相反的观点，即创新失败严重打击了创新企业的信心，对后续创新意向产生负向影响[70-71]。

创新失败价值集中体现于创新失败资源的再配置，创新失败资源再造强调如何从创新失败中学习，并对失败资源进行再利用。相关学者认为创新失败是提升企业创新能力的重要资源[72]，张玉利[73]认为创新失败学习是对创新失败价值最大化的实现，通过从失败经历中获取有用的创新知识，以提高创新能力，降低后续创新的不确定性。在创新失败学习的研究中，主要包括了失败学习过程、学习内容以及学习模式三个方面。创新失败学习过程中，首先应对失败源进行识别，通过对失败事件的剖析，从而将失败经验转化为创新知识[74]。在学习的内容上，包括了对于机会的识别、评估[75-76]，创新资源的管理技能，资源的获取方式、渠道[77]等。学习模式是从创新失败中学习的方式，存在"探索式"和"利用式"学习方式的选择[78]，这种选择则会受到失败经历、学习内容的影响。Politis[79]、倪宁[80]根据其研究得出，创新失败使得失败企业更倾向于"探索式"的学习方式。

创新失败学习及资源再造的产出会对再创新行为产生影响[81]，对于创新失败企业来说，其后续行为包括两种，即继续创新或创新终止[82]。因此，就创新失败与后续创新的关系而言，现有研究呈现两种观点：一种体现了正向关系[83]，即企业在经历创新失败之后，能够更加客观的审视创新的困难，合理评估遇到的问题，增强自身信心，并且通过创新失败学习，提升了自身的创新技能和知识资源，进而激发其后续创新的努力程度。另一种则体现了负向关系[71]，强调了创新失败对企业的镇痛，由此所带来的负面情绪一定程度上阻碍了创新失败企业从失败中学习的积极心态，丧失了对后续创新成功的信心，以至于对后续创新行为产生消极影响，但影响效果是否积极，往往还受到外部因素的控制[84]，而失败资源再利用与创新绩效之间的影响也并不直接相关[85]。

（四）研究述评

现有文献表明，创新失败问题已逐步引起国内外学者的研究关注，形成了一定的研究成果。但依然存在进一步的研究空间：

（1）既有研究对创新失败原因的探讨，虽然明确了外部环境对其的重要影响，但在环境具体表现上，尤其是在中国情境下，从制度环境视角还缺少深入细致的分析，且相关实证研究还并不多见。

（2）创新失败已成为理论界和实践界关注的热点，如何激发创新失败企业的再创新行为，提升创新绩效，降低技术创新失败率是当前创新失败领域的重要研究方向，现有文献表明创新失败学习及资源再造的产出会对创新失败再创新行为产生影响，而制度环境是影响企业创新行为的重要因素，但对于制度环境与创新失败企业再创新行为的作用机理，已有研究还没有深入探讨。

（3）制度环境对创新投入和企业绩效具有重要影响，但在创新失败的研究框架下，制度环境是否会影响创新失败企业再创新投入，

制度环境视角下技术创新失败企业的再创新机理研究

对企业绩效的影响又是如何，这在现有研究中并没有给出明确清晰的结论。

鉴于此，本书在既有研究的基础上和启发下，深入探讨制度环境对企业技术创新失败的影响机理，制度环境对创新失败企业再创新决策的驱动效应，制度环境对失败再创新投入与企业绩效关系间的调节效应，以及创新失败企业再创新的支持路径与制度设计。以期研究结论为完善优化制度环境，降低企业技术创新失败概率，提高企业技术创新绩效提供理论参考和决策支持。

三、研究内容与方法

（一）研究内容

根据研究问题的设计，本书的具体研究内容如下：

第一章，绪论。基于对研究背景的阐述，明确本书的研究问题、研究目的和研究意义。通过对国内外研究现状的梳理，对现有研究取得的成果和不足进行分析。最后介绍本书的研究内容、研究方法和技术路线。

第二章，基本理论分析。根据研究问题，对本研究涉及的创新经济学理论、失败学理论和制度理论等基础理论进行阐述，并围绕所涉及的核心概念进行界定，包括技术创新的内涵和特征、技术创新失败与再创新行为、制度环境的内涵和测度。在此基础上，从理论层面分析制度环境影响的技术创新失败企业再创新决策行为的特点，构建本书的理论分析框架，为后续研究奠定翔实的理论基础。

第三章，制度环境对企业技术创新失败的影响机理。在理论分析的基础上，从制度环境的政府干预水平、金融发展水平和法律环境水平等三个方面提出制度环境对企业技术创新失败影响的研究假设，利

· 14 ·

用 2008～2014 年医药制造业上市企业的相关数据，通过描述性统计、相关性分析、回归分析和稳健性分析等，检验政府干预水平、金融发展水平和法律环境水平对企业技术创新失败的影响效应，并对实证结果进行深入讨论。

第四章，制度环境优化与技术创新失败企业再创新决策的演化博弈。根据技术创新失败企业再创新决策行为特点，基于演化博弈理论方法，构建政府制度环境优化与失败企业再创新决策的演化博弈模型，讨论政府部门和技术创新失败企业在演化过程中的稳定均衡策略，并通过 MATLAB 软件对博弈系统中的参数变化进行模拟仿真。

第五章，失败再创新与企业绩效：制度环境的调节效应。深入探讨企业创新失败再创新投入对企业绩效的影响关系，以及制度环境其影响关系中存在的调节效应，基于 2008～2014 年医药制造业上市企业的相关数据，对所提出的研究假设进行实证检验，并对分析结果进行讨论。

第六章，制度环境视角下技术创新失败企业再创新支持系统动态模型。首先，对技术创新失败企业再创新支持系统动态模型的系统边界进行界定。其次，通过系统动力学的建模工具建立技术创新失败企业再创新支持系统动态模型，分析模型的因果关系和系统流图。再次，利用 Vensim 软件对技术创新失败企业再创新支持系的运行效果进行模拟仿真。最后，基于分析结果提出相应的对策建议。

第七章，全书总结与研究展望。对全书的研究工作进行总结，概况本书的研究结论和主要创新点，并指出本书的研究局限和进一步的研究方向。

(二) 研究方法

1. 文献分析法

在明确研究的问题基础上，析出本书研究涉及的核心概念和关键问题，利用 Web of Science、Engineering Village、Scopus、EBSCO、Emerald、Springer、ScienceDirect、中国知网、万方、谷歌学术等中外文献数据库检索系统，搜集与本研究相关的高质量文献资料，对其进行归纳整理。通过对文献资料的深度研读，明晰当前国内外关于本书研究问题所涉及理论的演进脉络和最新研究进展，分析既有研究取得的贡献和存在的不足，为本书理论模型和研究假设的提出奠定理论基础。

2. 博弈论方法

在制度环境优化与创新失败企业再创新决策的关系分析中，利用博弈论中的不完全信息动态博弈等分析范式，将创新失败企业的再创新决策分为再创新、不再创新两种策略；政府的制度环境建设分为制度环境优化、制度环境不优化两种策略；并从法律环境、金融发展、政府干预等方面设计政府制度环境建设的参数变量，建立利益主体的不同策略期望收益矩阵，采用演化博弈的分析方法求解博弈的演化稳定策略。在此基础上，进一步对相关参数变量进行分析，利用 Matlab R2015b 软件模拟仿真不同关键参数取值情况下策略选择上的变化，并基于分析结果，探讨制度环境对创新失败企业再创新决策的驱动效应。

3. 统计计量分析方法

在制度环境对企业创新失败影响机理，以及制度环境对失败再创新投入与企业绩效关系的调节效应研究中，以 2008～2014 年的医药制造业上市企业为样本数据的搜集对象，构建因变量、自变量、调节变量和控制变量之间的多元回归模型，通过描述性分析、相关性分析、回归分析、稳健性分析等，检验制度环境对企业创新失败的作用效果，制度环境对失败再创新投入与企业绩效关系的调节效应。采用 Stata 15.0 软件进行统计分析。

4. 系统动力学方法

系统动力学能够有效解决政策制度层面的模拟问题。运用系统动力学分析方法，分析制度环境对创新失败企业再创新支持系统的系统构成，分析系统因果关系和系统流图，通过对参数和常量进行估计，使用 Vensim 软件对系统运行效果进行模拟仿真，预测创新失败企业再创新支持系统的运行效果。

本书的技术路线如图 1-1 所示。

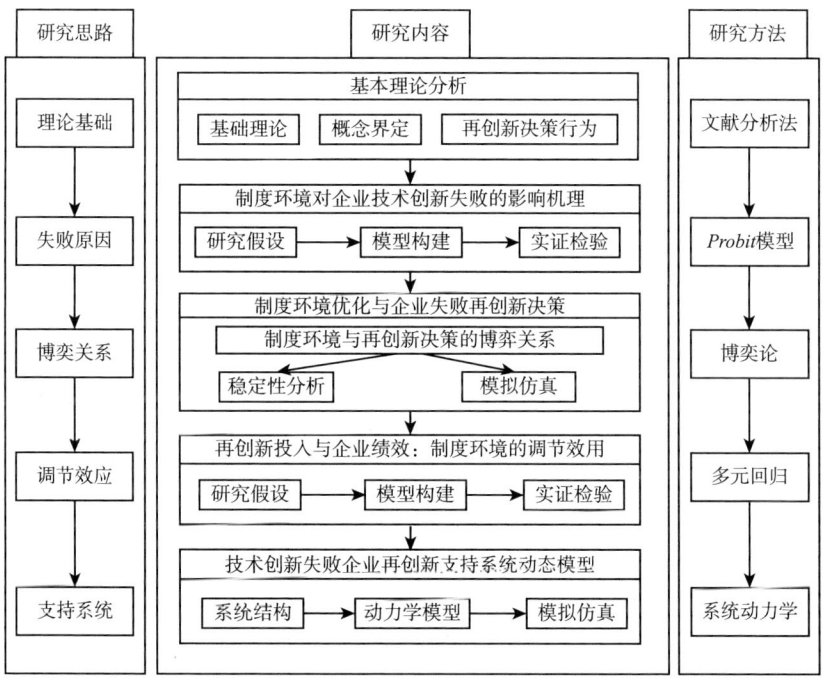

图 1-1　本书的技术路线

制度环境视角下技术
创新失败企业的
再创新机理研究
Chapter 2

第二章　基本理论分析

一、相关基础理论

（一）创新经济学理论

1. 熊彼特创新理论

有关创新与经济发展的关系问题探讨由来已久，早在 18 世纪，古典经济学的代表人物亚当·斯密（A. Smith）就已经注意到了创新在经济发展过程中所起到的重要作用[86]。但在相当长的一段时间内，由于对贸易周期和就业问题的关注，经济学家仅仅将技术创新作为经济发展的外生动力，而忽视了科学技术对经济社会的重要影响。直至1912 年，经济学家熊彼特（J. A. Schumpeter）在其著作《The Theory of Economic Development：An Inquiry into Profits，Capital，Credit，Interest，and the Business Cycle》中首次在学术理论层面明确了创新（Innovation）的概念，认为由企业内部因素所决定的生产函数，这一生产函数的内在本质是在现有的生产方式和生产要素的基础上，通过加入新的生产手段和要素组合来代替原有的生产过程，从而形成新的生产体系。因此，熊彼特进一步认为创新的实质就是新产品和方法淘汰旧产品和方法的创造性毁灭（Creative Destruction）过程。并且，经济社会之所以能够在不断发展，其主要原因就在于不断持续的创新过程。企业通过创新打破旧的且低效的工艺和产品，这种不断替代的动态过程则刺激了经济的迅速增长。在此基础上，熊彼特通过对创新问题的深入剖析来解释经济发展的周期性，认为创新是推动经济增长的核心要素，并形成了较为完善创新理论体系。在熊彼特的创新理论中，创新的形成包括 5 种主要的形态，即对新产品的采用、对新技术或方法的采用、企业新市场的开辟、企业新的组织形式的形成以及新的产品原材料供应来源的发现[27]。可以看出，在熊彼特创新理论所涉及的 5 种创新形态中，既包括以技术进步为核心的技术创新和产品工艺创新，也包括了因技术进步而形成的管理创新和组织创新。显然，根据熊彼特创新理论观点的解读，新产品的引入和新技术工艺的引进是创新理论中的主要观点，并且创新也是熊彼特经济发展理论中的核心要素。

总体而言，在熊彼特创新理论中，其核心的理论要点可归结为以下 3 个方面：

（1）创新和经济发展。熊彼特的创新理论认为，经济的发展在于社会的不断创新，只有不断地创新，才能保证经济持续不断地发展。因而，熊彼特创新理论进一步解释了经济周期问题，经济增长的动力源泉在于创新，而创新能够刺激经济发展。通过创新活动会使得社会提高对生产资料和银行的需求，从而促进经济的高速增长。而当创新行为扩展到大多数企业后，较多数企业的参与会导致因创新产生的利润降低，也就造成社会对生产资料和银行的需求减少，最终导致经济萎靡。经济不景气刺激了企业家从新一轮创新中获取利润，而创新又会造成经济的涨跌。

（2）创新和企业家。按照熊彼特创新理论的观点，经济发展的动因在于经济系统内部的自发的不连续的变化，而创新就是指生产要素的重新组合过程，其目的是获取潜在的利润。为获取潜在利润，作为创新者的企业家必须具备 3 个条件：①要有眼光，也就是说企业家能够预见到潜在利润；②要有胆量，企业家要敢于承担创新风险；③要有组织能力，企业家能够利用自身的社会资本来实现对生产要素的重新组合[87]。

（3）创新和毁灭。创新是一种创造性的毁灭，这是熊彼特创新理论的一个极为重要的理论观点。根据创新与经济发展的关系，经济发展呈现出周期性的波动发展态势，创新通过对生产要素的重新组合，使潜在利润变为现实利润推动经济发展的同时，创新过程也会淘汰一批无法创新的企业。所以说，每一次创新既是创造又是毁灭。创新对经济和企业的发展是创造性的毁灭，一部分企业因创新而发展壮大，就会有另外一些企业因创新而灭亡[88]。

熊彼特的创新理论扩展了经济学研究的新领域，但在相当长的一段时间内未能引起理论界的关注。而在 20 世纪 50 年代以后，随着以微电子技术为核心的世界新一轮科技革命兴起，世界多个经济体呈现出长达近 20 年的高速增长，经济发展进入"黄金期"。但这一现象已不能用传统经济学理论中的资本和劳动力等要素简单地加以解释。因此，随着科学技术在经济发展过程中的作用日益突出，西方经济学理论界重新对熊彼特创新理论进行了认识，形成了较为系统的创新理论体系，一是从技术变革、创新、扩散等视角对技术进步与经济增长的关系进行探讨；二是将创新与制度因素相结合，强调制度环境在经济发展的重要性，研究制度因素与技术创新和经济增长之间的关系。熊彼特创新理论的发展演化，对企业生产活动以及政府政策制定均带来了积极影响。

2. 技术创新理论

熊彼特创新理论中的核心问题之一就是探讨技术创新与经济增长之间的关系，在此基础上，相关学者通过大量的实证研究来进一步揭示技术创新对经济增长的促进作用，从而形成了创新经济学理论中的技术创新经济学派。

以索罗（R. Solow）为代表的新古典经济学派基于生产函数对现实经济增长的测度分析中发现，人均收入的增长率明显高于劳动和资本要素的投入增长率，这其中所包括的"残差"被认为是全要素生产率（Total Factor Productivity，TFP）的提高，也就是技术创新所表现出的促进作用。根据上述研究的实证发现，部分学者试图将技术纳入到生产函数当中，即通过技术的内生化进一步解答现实情境中的经济增长现象。但在这一阶段，技术要素并没有真正地被被看作独立的内生变量，更多的是将技术作为物质资本和人力资本的内在属性。其中，罗默（P. M. Romer）提出了以内生技术进步为特征的罗默模型（The Romer Economic Growth Model），以及卢卡斯（R. E. Lucas）为代表提出的两部门人力资本外部性内生模型（卢卡斯模型）。上述两个经典的经济增长模型均是从技术创新的视角将经济增长率内生化，并在理论界产生了深渊影响，将其称之为内生增长理论。

此后，随着技术创新对经济增长影响的不断增强，内生增长理论得到快速的发展。20 世纪 90 年代后，进一步明确了技术创新在生产函数中独立地位，认为企业通过技术创新活动将新产品、新方法引入市场当中，并带动了市场整体的产品质量升级，技术创新的内生化被看作推动社会经济增长的核心动力。技术创新所带动的技术进步，对经济增长的促进作用得到理论界和实务界的广泛共识。与此同时，对于解释技术创新带来的经济收益递增的内在机理，则形成两种不同观点，其中，理论界普遍认同阿罗（K. J. Arrow）所提出的知识溢出效应模型（Knowledge Spillover Effect）关于收益递增现象的解释，认为技术创新所形成新产品或新服务在市场交换的过程中，由于其内含的新知识所存在的非排他性和外部性，能够带动整个市场知识总量的增加，从而带动行业内所有企业生产效率的提升。而在企业界则更为接受庞巴沃克（E. V. Bohm – Bawerk）和阿瑟（W. B. Arthur）对此现象的分析，与知识溢出效应不同，该观点强调技术创新所形成的知识或技术优势能够将企业进入自我增强的良性循环，从而在市场竞争中不断战胜对手，而这一结果则可能限制后续的更具优势的技术创新因晚到一步，没有获得足够的支持而陷入困境，甚至进入一种恶性循环的"锁定（Lock – in）"状态，从而将收益递增归因于特定知识传统的内在结构。

进一步地，受技术创新的内生性作用影响，知识和人力资本存量的增加会将经济保持在规模收益递增的曲线上，也就是说，经济体的经济增长受其自身知识水平、技术进步和人力资本的因素影响，并且通过一定的政策干预能够使经济增长保持在较长的周期，这也在已有研究中得以验证。相关学者在对第二次世界大战后主要经济体的经济发展研究中发现，一国经济的长期增长取决于该国的技术创新和技术进步水平，对经济增长起到了决定性作用。技术创新在创造更多的市场机会的同时，生产工艺水平的提升也带动了生产效率和产品质量水平的提高，经济利润的增长则会带来个人收入水平的提升，而收入的增加带动了经济的持续发展。

3. 制度创新理论

（1）制度创新与技术创新的关系。

与技术创新相同，制度创新理论也将制度创新作为一种创新过程。制度创新是指对现存制度环境进行变革的过程，变革目的就在于以一种新的、更有效率的制度设计安排来取代原有缺乏效率的制度环境，具体包括了产权制度、政治制度、市场规则等正式和非正式规则。与技术创新强调降低企业生产的直接成本的目的不同，制度创新被认为重点在于减少企业生产的交易成本。

针对制度创新与技术创新的相互关系，制度创新理论认为制度创新在一定程度上是技术创新的前导变量，即制度创新决定了企业的技术创新活动，而非技术创新促进制度创新。只有在积极、有效、好的制度环境下才会促进技术创新，而不好的制度设计不仅会使制度环境破坏企业的技术创新行为，也会使技术创新偏离原有的经济发展轨迹。制度经济学的代表人物诺斯（D. C. North）在对英国、荷兰等国家的经济增长演变历史的制度比较分析中发现，之所以英国、荷兰出现了现代意义上的经济增长现象，并保持持续的增长态势，其原因在于存在一种适宜所有权演进的环境，这种环境促进了从继承权完全无限制的土地所有制、自由劳动力、保护私有财产、专利法和其他对知识财产所有制的激励措施，直到一套旨在减少产品和资本市场缺陷的制度安排[89]。也就是说，激励性的产权制度对技术创新起到了决定作用，企业的技术创新活动离不开产权制度的保护，这种持续激励企

第二章 基本理论分析

业创新的产权制度能够保障企业创新活动的不受侵害，并进一步提升创新收益，直接保护并激励了企业的技术创新活动。

与此同时，制度创新对技术创新起决定作用的同时，技术创新也会反作用于制度创新。这种影响主要表现在以下几个方面：①技术创新能改变原有制度安排所形成的利益分配。一般而言，通过技术创新能够促进企业产出的规模报酬递增，也为建立更为复杂的经济组织（如股份制公司）提供了利益保障。可以看出，技术创新不仅促进了工厂制度的产生，也产生了产业联盟、协同组织等组织规模更大的经济活动聚集形式。②技术创新在增加制度体系所带的潜在利润的同时，也进一步降低了制度安排的操作成本。例如，科学技术水平的发展带动了通信设备的不断更新，大大缩短了组织之间信息传递的时间，信息传递成本也大为降低，从而减少了制度安排的组织成本。③制度创新所形成的利润增加是有效解决了制度变迁的需求。在科学技术的大背景下，技术创新能够有效提升企业生产效率，降低了生产成本，使利润递增成为可能。但同时，大量生产也会带来高额的交易费用，势必需要通过制度变迁来保证技术创新带来的好处不被消失。

（2）制度创新对经济增长的作用。

从资源基础观的视角来看，资源要素的有效配置与经济增长密切相关。经济发展不仅受到劳动力、资本和技术等要素相互作用的影响，也在一定程度上取决于资源要素的配置效率，而制度因素恰恰是影响生产要素配置的决定性因素，因此，制度创新对经济增长具有重要作用。

首先，制度创新通过对规则的修订可以引导产出的增加和积累。通过对原有制度体系和制度安排的改变，制度创新能够将有限的生产要素从生产效率低的部门向生产效率高的部门进行转移，也就是说，在资源禀赋不变的情况下，制度创新利用新规则的设定，引导资源要素向产出效率更高的部门转移，从而向外改变生产曲线，增加产出和积累。此外，制度创新还可以改变人们对既定财富分配的争夺，进一

· 25 ·

步引导其向创造财富的有序竞争。

其次，制度创新通过改变激励机制促进经济增长。在不同的制度环境中，激励机制存在显著差异，激励机制不仅反映了个体工作投入程度与报酬的关系，也反映了个体目标和社会发展目标的契合程度。有效的激励机制能够将个体工作投入与报酬、个体目标与社会目标紧密结合，在个人财富得到提升的同时，社会财富也会显著增加。激励机制的不匹配往往是经济发展缓慢并长期陷入低水平循环的重要原因，只有通过制度创新建立有效的激励机制，才能将个体目标和社会目标相互紧密结合，从而提高社会生产率，促进经济发展。

最后，制度创新通过对交易成本的降低带动经济增长。科学技术的发展在降低生产成本的同时也提升了生产效率，产出的大幅增长必然带来了产品交易环节交易成本的大幅提升，而交易费用主要用于交易过程中交易双方的相互协调，因此，交易费用的大小也会在一定程度上影响社会经济活动的效率。在制度创新理论中，法律制度、政治制度和市场制度的不健全会增加交易过程中的风险，造成交易费用增多。更为严重的是，制度环境的不完善，会导致交易过程中机会主义行为的明显增加，寻租腐败等行为会削弱企业寻求有效率产出的动力。通过制度创新，加强相关制度设计从而减少交易过程中的风险和不确定性，进而优化了交易行为，降低了交易成本，有效促进了经济增长。

4. 国家创新系统理论

在经济全球化和知识化的背景下，科学技术在全球经济发展的作用越来越凸显，创新经济学也越来越受到理论界和实务界的重视。单一的技术创新经济学理论或制度创新经济学理论已经难以解释实务界的经济增长现象，国家创新系统理论应运而生，并日益受到学者们的关注。

虽然熊彼特创新理论中的核心观点认为创新源于企业家的职能，

但弗里曼（C. Freeman）在对日本这一新兴经济体经济发展过程中产业体系和创新活动的特征分析中发现，在该地区的创新活动所取得的经济增长不仅在于企业家的功劳，企业的技术创新活动也受到国家政策推动和扶持，并不是孤立行为，国家在推动技术创新中发挥着重要作用。国家创新系统（National Innovation System）是参与和影响创新资源的配置及利用效率的行为主体、关系网络和运行机制的综合体系[90]，是将技术创新与政府职能有机的进行结合。具体而言，国家作为制度设计的主体，通过相关制度安排进一步推动企业和其他创新主体的知识创新、引进、扩散和应用，从而带动整个国家层面的创新绩效提升。弗里曼的国家创新系统理论着重强调了经济发展过程中国家专有因素对技术创新的影响，将国家体系中所涉及的企业、政府、高校科研院所、中介机构等于创新过程密切相关的主体，以共同的社会目标，通过制度设计将其结合统一起来，从而形成以创新作为国家变革和经济发展内在核心动力的系统体系。可以看出，国家创新系统理论在已有的技术创新理论和制度创新理论的基础上，将创新主体的激励机制与制度环境相互结合。国家创新系统的基本结构如图2－1所示。

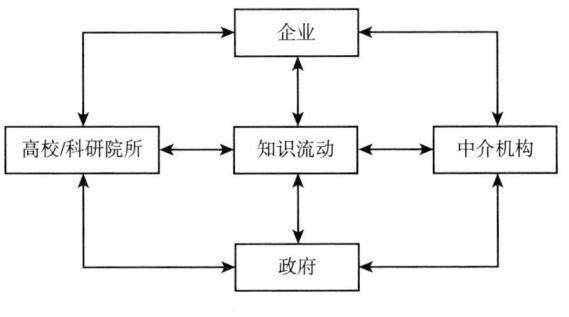

图 2－1　国家创新系统的基本结构

不难发现，国家创新系统高效运行的关键在丁推动各方主体之间的知识流动。根据熊彼特创新理论，企业是创新活动的主体。因而，在国家创新系统中，政府是从国家层面的创新绩效提升角度为企业的技术创新活动创造合适的环境，通过直接或间接的手段方式对制度环境进行调控和安排，以满足企业的技术创新需要。市场是企业间相互协调的主要机制，企业根据自身的战略发展需要以及自身在市场中的位置来决定创新的方向和内容。因此，可以在图2-1所示的国家创新系统基本结构的基础上，进一步对系统中各方主体的关系加以明确，形成以企业为主的国家创新系统运行框架，如图2-2所示。

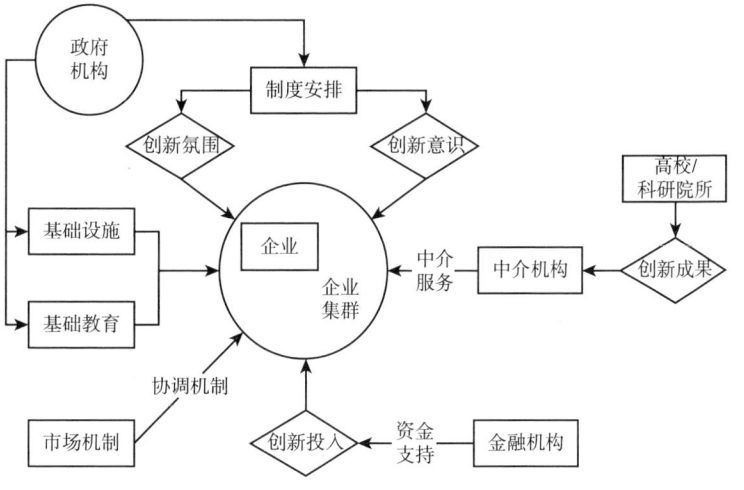

图2-2 国家创新系统运行框架

在国家创新系统的运行框架中，政府通过完善相关制度设计，一方面加强基础设施和基础教育的投入，推动创新文化的建设，为技术活动提供基础保障；另一方面通过激励机制的完善强化企业内部的创新环境，激发员工的创新意识，将员工的个体目标与组织目标相容，进而充分发挥每个员工的创新潜能，激发员工的创新潜力。此外，创新氛围、创新意识的建设和培养，在制度安排上应是全方位的、多渠道的和多层次的。所谓全方位，是指从经济、政治、思想文化的各个方面营造创新氛围、培养创新意识；所谓多渠道，是指运用各种传播媒介、采取各类教育方式、利用各种宣传教育场合宣传与培育创新文化；所谓多层次，是指对不同素质、年龄、职业、身份地位的群体进

· 28 ·

行创新教育。从而在全社会形成一个良好的创新环境，涌现出更多的创新成果。

与此同时，企业的技术创新过程需要充分借助和利用外部力量，主要表现在两个方面：一是加强与高校、科研院所的协作与沟通，尤其是对于研发能力较弱或不具备研发能力的中小企业而言，与高校、科研院所的协同创新是企业自身进行创新活动的重要途径。而政府作为企业与高校、科研院所之间的桥梁，通过中介服务体系的建设引导，有效减少两者之间信息不对称，强化科技成果转化。二是转变创新活动的投入方式。利用政府创新政策引导，加强金融机构对企业创新的支持力度，转变以往技术创新投入依靠企业自有资金的方式，通过金融机构的风险投资等形式，为企业技术创新提供资金支持。

此外，市场制度对于技术创新是一种更高效率的资源配置机制。市场机制通过影响价格体系发挥着提供市场信息、激励企业创新等功能，有利于促进企业的技术创新。同时，市场机制也会迫使企业不断寻求技术创新，市场需求的变化会引导企业技术创新的方向，扩展新的利润增长点，而创新产品或服务能够产生利润必须获得市场的认可。因此，市场机制有效地协调了企业的技术创新行为。可以看出，国家对企业技术创新的激励是市场对企业技术创新激励的有效补充。一方面，技术创新的外部性问题无法通过市场机制得以解决，创新者的成果可以被其他生产者免费利用，严重伤害了创新者积极性，导致市场中的企业丧失了创新动力。此时，政府通过干预政策或激励措施可以有效地缓解技术创新过程中的外部性问题。另一方面，市场也不能解决创新风险承担问题。技术创新的不确定性导致创新失败客观存在，一旦失败，创新企业往往需要独自承受巨大的失败成本，而创新的外部性却不能使企业获得全部的创新收益，企业需要承受巨大的创新风险。所以，政府通过研发补贴、政府购买和税收优惠等范式来分摊企业的创新风险，激励企业的技术创新。

（二）失败学理论

1. 失败学理论的缘起

实务界对失败问题的日益关注，促进了学术界对失败问题的系统性研究。失败学作为新兴的学术理论，其思想于最早于 2000 年由日本东京大学教授畑村洋太郎（Yotaro Hatamura）提出。2000 年初，在日本科技厅举行的"21 世纪科学技术恳谈会"上，围绕如何研究减少失败和事故的问题，畑村洋太郎作了《技术的创造与失败》的报告，在其报告中提出了关于构建失败事故数据库，形成失败学学术研究体系，以及建立失败学研究的专门机构的一系列建议。在畑村洋太郎的建议基础上，日本科技厅成立了"活用失败知识研究会"，对科技领域和生产过程中出现的失败案例进行搜集，并对其进行深入分析，挖掘其中所蕴含的知识资源，从而形成失败知识数据库，利用已有的失败经验来指导后续相关领域的实践，降低事故发生和失败的概率。与此同时，第一部系统阐述失败学理论的著作《失败学》由畑村洋太郎教授于 2000 年 10 月出版，在该著作中详细论述了如何正确认识失败详细的本质，总结失败现象的规律性，以及如何通过对失败经验的学习，尽可能地避免灾难性的事故或失败发生。此外，有关失败信息在组织中的传递路径和方式也在该著作中进行了介绍，并提出了建立失败知识系统的构想。《失败学》的出版在日本理论界和实务界引起了广泛关注，并进一步推动了有关失败学研究的广度和深度。此后，东京大学工学部的中尾正之教授成立了第一个在大学中的失败学研究机构——"失败知识的结构化"教研室。2002 年，日本文部科学省正式建立"失败知识数据库"，通过对生产过程和科技领域中出现的事故与失败案例的搜集整理，并对其进行知识结构化，利用网络途径公开传递，使失败经验尽可能多的被社会公共所使用。其后，失败协会在日本东京大学正式成立，作为专门的失败学研究机构，其主要涉及对失败事件的原因调查分析、如何防止失败以及如何运用失败等方面的研究方向。同年，畑村洋太郎教授又出版了专著"Learning from Failure"，系统阐述如何从失败当中学习的问题。可以说，学术界有关失败学的系统研究起始于日本。

随着我国经济社会的快速发展，实务界中的失败现象也越来越受到社会关注。虽然理论界对失败学的研究没有形成较为系统的体系，但围绕失败学思想的相关研究也层出不穷，较为有代表性的论著如表 2 – 1 所示。

表 2 – 1　　　　　　　我国失败学研究的代表性论著

代表性学者	论著	核心观点
王静芳	《失败论：关于失败之母的幽思》	从心理学、哲学和社会学的视角将失败作为负面文化进行了深刻剖析[91]。
金磊	《失误学与人为灾害研究导论》	从故障、风险、灾害的视角提出了失误论的框架及失误分析方法，涉及可靠性决策过程中的失误控制和失误管理等内容[92]。
钟群鹏	《失效分析基础》	以工程领域中的失效事故为研究对象，将系统失效与失败进行关联，机械设备系统失效会导致失败事故的发生。因此，对失效事故的原因进行分析，可以有效预防系统失效[93]。
郭开仲	《错误系统》	以错误系统或有错误倾向的系统为研究对象，研讨错误产生的原因和机制，以及如何在系统的传递过程之中，预测、减少并消除错误，从而递降系统发生失败结果的概率[94]。

资料来源：作者整理。

表 2 – 1 可以看出，围绕失败学思想所形成的理论研究在我国也取得了较为丰富的研究成果，相关学者对生产过程中所出现的失误、失效、错误等现象在理论层面进行了深入剖析。虽然上述概念在具体的界定上与失败存在一定差别，但其核心思想是与畑村洋太郎的失败学理论是一致的，均是强调失败是与人为因素密切相关。比如，学者金磊在分析事故灾害生成机理过程中所提出的"失误元"概念，就

· 31 ·

与失败学理论中的"失败元"概念基本相同。随着市场竞争程度的日益加剧,企业创新行为不断升级,也使实务界与理论界越来越关注技术创新过程中的失败现象和错误行为,通过探讨技术创新系统中的消错方法,进而降低技术创新的失败概率。尤其是我国创新驱动发展的背景下,对技术创新失败问题的关注和研究,对提升我国企业技术创新效率有着极为重要的理论和现实意义。

2. 失败学理论的研究范畴

古往今来,人们对成功的趋之若鹜,往往导致对成功过程中失败现象的关注。大量事实表明,不论是工程项目建设、企业发展,还是科学研究过程中,事故和失败客观存在。并且,正确审视失败并探究失败原因,不仅能在充分汲取失败经验的基础上找到进一步的前进途径,也可以最大限度地减少可避免错误的可能。因此,如何正确认识失败,分析失败的原因和存在的规律,就显得尤为重要。畑村洋太郎失败学理论的核心研究问题在于探讨如何从失败中学习,以及怎样通过失败学习来预防事故和失败的发生。围绕这一核心论点,已有研究主要涉及失败原因分析、失败学习与失败资源再利用等方面。

(1) 失败原因。

失败学理论强调基于逆向思维,运用诸如管理学、社会学、心理学、经济学等学科知识对事故和失败事件的全过程进行客观、全面的分析,挖掘失败发生的原因和症结所在。Ford[95]基于 Gall 从系统论视角对失败的界定,进一步认为失败是由于缺少达到目标所需的必要资源而被动终止的工作。Tuchker、Edmondson 和 Spear[96]在其研究中指出,组织绩效未能达到预期目标其原因在于,员工行为模式出现偏差导致营运过程的失误和问题。Cannon 和 Edmondson[97]认为,源于组织自身所具备的技术和社会属性,组织失败的原因可以分为技术因素和社会因素两大层面。Sheppard[98]从战略选择探讨了组织失败的原因,认为组织失败主要是由于组织管理层自身的自满情绪。Mellahi

和 Wilkinson[99] 则在其研究中认为，影响组织失败的决定因素包括了环境因素、生态因素、组织因素与心理因素四大类别。李惠强等[100] 基于事故树原理，采用失败树来分析方向逆向探讨组织的失败过程。王岳森等[101] 也利用失败树逻辑结构，对失败的路径过程，涉及的主要风险因素，以及风险控制条件清晰地表达出来。

随着对失败认识的不断深入，对于失败原因的分析也不仅仅停留在组织层面，根据不同研究领域的特点，以及不同的失败情境，对失败原因的探讨也更加细化。例如企业管理学中企业并购失败、创业失败、审计失败，市场营销学中的服务失败，教育学中教学失败、教育失败，以及历史学中的政治失败等（见图 2 - 3）。

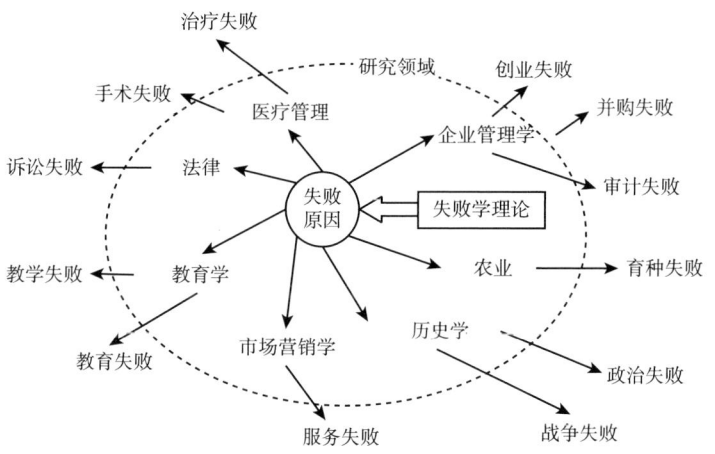

图 2 - 3　不同研究领域下的失败原因探讨

具体而言，Dong 等[102] 基于市场择时假说（Market Timing Hypothesis）认为，企业并购过程中收购方会在企业估值相对较高时收购被价值低估的目标方，从而在一定程度上导致企业价值增长的停滞，管理层和股东利益的不一致造成并购失败，而终极控股股东利益侵占的动机也是引发并购失败的原因之一[103]。于晓宁等[104] 对创业失败的归因进行了探讨，创业失败可能源于创业者自身能力和努力的不足，也可能由于任务难度和运气的外部因素。在审计失败方面，注

· 33 ·

册会计师的消极职业态度和专业能力的缺失是在造成现阶段我国审计失败较多的主要原因[105]。而在市场营销领域，典型的服务失败原因可归结为三大类别：一是正常服务提供系统失败；二是服务人员的言语行为不当导致的失败；三是顾客言行过激造成的失败[106]。韩仁生等[107]在对高中教师教学失败归因分析发现，教学成败首先取决于教师本人的能力、努力和心境。可以看出，不同研究领域对失败原因的探讨，虽然在具体归因上会因为具体情境的不同存在差异，但失败原因的核心主旨上依然遵循了畑村洋太郎失败学理论中失败多是源于人为因素的观点。

（2）失败学习与失败资源再利用。

失败学理论认为消极的失败结果中往往蕴含着积极的学习资源，对失败经验的学习以及失败资源的再利用，能在一定程度上降低先前失败的损失，并减少组织在后续营运过程中出现失败的可能性。然而，失败学习并不是随着失败结果自然而然的发生，失败学习会受到多方面因素的影响。Madsen 和 Desai[23]从知识观和吸收能力观的视角研究发现，有效地从失败经历中吸取教训并不是一件容易的事。失败学习往往受到失败归因的影响，失败者对失败归因类型的不同会对失败学习产生不同的影响机理。一般而言，将失败归因于个体层面且容易改变的因素更有利于失败学习[108]，而将失败归因于外部环境因素则会在一定程度上抑制失败学习[109]。并且失败学习的过程有时候也并非都是有益和理想的，往往也伴随着负面情绪的产生，进而反作用于失败学习。因此，如何开展有效的失败学习，探讨失败学习的影响因素受到理论界的关注。现有文献指出，抑制失败学习的因素主要来自于三个层面：一是个体的认知障碍，由于现有社会中"反失败"偏见的存在，对失败的过度关注极有可能降低失败者的自我效能感和自尊，而个体对自我意识和自尊强化活动的倾向，也就造成在失败学习的过程中，由于个体心理障碍使其对失败结果产生恐惧，从而无法开展有效的失败学习。二是组织的结构障碍，这主要是源于组织制度设计中的激励与问责机制，以及组织中知识共享与管理的流程。现有的组织制度中通常采用奖励成功、惩戒失败的激励方式，因此会在一定程度上阻碍组织成员对个体失败的认定和分析，而对失败结果的问责也进一步加剧组织成员对失败的恐惧感，通过降低失败结果信息的共享程度来达到规避对自身不利的失败问责。此外，组织流程中并不顺畅的知识管理流程和信息技术的支持不足，也是阻碍组织内部失败学习的重要因素。三是团队的人际关系障碍。团队作为组织结构中的核心单元，团队内部对失败认知的人际关系氛围也会影响失败学习开展，尤其是学习型团队领导更容易在团队中建立宽容失败、学习失败经验的人际关系氛围。

基于过程视角的失败学习过程机制研究成为失败学研究领域关注的热点，根据组织学习理论中学习过程所涉及的学习环境、学习文化、学习行为和学习心智等要素，既有文献形成了四种经典的失败学习过程模型。①共享信念过程模型，该模型基于认知共享理论和团队学习理论，从团队成员的认知视角探讨了团队领导、组织支持和目标明确对失败学习形成和开展的内在动力机制[97]。②双环式问题解决过程模型，该模型将组织营运过程中的问题和差错也纳入到失败学习的范畴中，重点关注失败学习的行为和过程，以"问题式驱动"的学习思路，通过单环学习和双环学习的组合，挖掘问题指向的质量改进方法[110]。③问题驱动式学习模型，该模型是在经验学习模型的基础上，结合失败学习的自身特点进行的改进，通过问题驱动式的学习思路，将个体的失败学习融入组织和工作的情境中，从而形成一套完整的系统学习流程[111]。④组织内和组织外失败学习模型，该模型将失败学习不仅局限于组织内部，强调外部经验的获取对于学习过程同样重要，尤其是部分实证研究中发现，在某些特定情境下，外部经验的获取和学习对于降低组织运营过程中的失败概率，效果更为明显[112]。

而在强调失败学习的同时，对失败项目中所蕴含的失败资源同样备受学术界和实务界的关注。失败学理论认为，虽然失败结果会给组织带来巨大的失败成本，但在失败项目中往往蕴含着潜在价值。失败项目因内外部因素影响而导致项目运营中止，但项目前期投入的资源并未因项目失败而彻底消失。一般而言，失败项目资源包括生产设备、原材料以及阶段性产品成果等有形资源，也存在因失败带动的组织能力提升等无形资源。叶建木等学者就认为，对失败资源的再配置是组织发展过程中积累推动维度的重要组成部分[12]。在失败资源中挖掘潜在价值，对失败资源再配置利用，能够进一步减少失败损失，是提升项目成功概率的关键所在。

（三）制度理论

制度理论是研究企业技术创新行为的重要视角，制度理论认为，企业开展技术创新活动不仅要符合效率原则的技术性外部环境，也符合合理性原则的制度性外部环境。因此，制度环境是影响企业技术创新活动的重要外部因素，能够在一定程度上激励或限制其技术创新行为，影响企业的战略决策方向。因此，制度环境对企业技术创新失败及其再创新行为的影响，可以从以下视角进行分析：

第一，从经济学视角来看，制度经济学理论认为制度环境是决定组织经济效率重要因素。尤其是新制度经济学派指出影响企业经济收益的首要因素在于，制度及其变迁会影响生产要素资源的配置效率。制度环境作为影响企业行为决策的重要外部环境因素。一方面，政府的研发补贴、税收优惠等技术创新激励政策降低了企业的技术创新成本；另一方面，较高的金融业市场化程度也可以降低企业的融资成本，法律环境水平的提升能够使在公平的竞争环境下获地应有的创新收益。由此可以看出，金融发展和法律环境对企业技术创新行为的支持不足，政府对其缺少有效的激励干预，均会在一定程度上增加企业技术创新的不确定性，造成创新失败的风险增大。与此同时，先前的失败结果会给企业带来较为沉重的失败成本，自身的资源约束增加了再创新的困难，因而良好的制度支持能够有效促进企业的再创新决策。

第二，从战略管理视角来看，造成地区之间经济发展水平显著差异的重要原因之一在于区域制度环境的不同，Peng[113] 提出的制度基础观认为，制度不仅仅是战略决策过程中背景条件，而是直接影响企业战略制定和实施，对竞争优势形成起到了决定因素。具体而言，制度环境与组织行为的动态互动，会影响创新失败企业的再创新行为，在宽容失败的创新环境中，良好的制度环境会为创新失败企业提供有效的政策、资源支持。

第三，从社会学视角来看，制度理论关注组织的"合法性"问题。所谓的"合法性"是指组织的行为决策要符合外部环境的法律法规和道德规范，满足社会期望，赢得广泛的社会支持，进而谋求组织的生存和发展壮大。也就是说，企业所作出的决策行为要与制度环境相一致，当企业处于宽容失败、鼓励创新的环境氛围，需要积极乐观地看待失败结果，通过对失败经验的学习和失败资源的再配置，在外部环境支持的情况下，积极地开展再创新活动，满足政府和社会公众的技术创新期望，进一步增强企业生存和发展的"合法性"。需要指出的是，制度的"合法性"能够为企业赋予更多的资源，从而帮助失败企业有效减少先前的失败成本，促使企业有能力开展再创新活动。同时，也能够为失败企业获得其他方面的发展机会，但对于技术创新失败的评判，以及再创新活动的质量，产生了更为严格的标准和监管。可以看出，制度理论的"合法性"强调了企业对制度环境的回应，能够更好地揭示制度环境对创新失败企业再创新影响的机理。

二、相关概念界定

（一）技术创新的内涵和特征

由于理论界和实务界对技术创新的广泛关注，不同研究领域基于

制度环境视角下技术创新失败企业的再创新机理研究

自身的领域特征和层次对技术创新赋予了不同的内涵和定义，因此，需要根据本书的研究情境进一步明确技术创新的内涵和特征。

1. 技术创新的概念

熊彼特创新理论中，技术创新不再是单纯指向技术领域的发明创造，而是成为影响经济发展的重要因素，作为一种生产能力将要素资源和生产条件进行新的组合，纳入到生产函数当中。索罗（R. Solow）在熊彼特创新理论的基础上，进一步界定了技术创新成立的两个核心条件，即需要新的思想和新思想的发展实现，这也为创新扩散理论、协同创新理论等技术创新的后续发展奠定了基础。具体在技术创新概念的界定方面，曼斯费尔德（E. Mansfield）关于技术创新的定义对后续研究产生较大影响，认为技术创新是企业根据市场需要产生新产品或新服务的构思，并最终以新产品或服务形成商业化为终结的探索性活动。需要说明的是，曼斯费尔德对技术创新概念的界定偏向于产品创新范畴。因此，弗里曼（C. Freeman）在其研究的基础上，进一步从经济学视角认为技术创新是指新产品、新方法、新过程、新系统等技术研发向商业化转化的全过程。瓦茨（D. Watts）认为技术创新是企业对技术成果从研发到商业化并实现经济收益的过程。由于对技术创新研究的不断扩展，缪尔塞（R. Mueser）对既有文献中关于技术创新的概念界定进行了系统性整理，并在此基础上重新定义了技术创新概念，认为技术创新是以新构思和成功实现为特征的非连续事件，强调了技术创新的新颖性和非连续性，也揭示了技术创新过程中客观存在的失败结果，技术创新必须最终成功实现预期的目标。

而国内的技术创新研究领域，相关学者也对技术创新概念给出了自己的解读，较具有代表性的观点包括：傅家骥教授认为，技术创新是企业为获得市场中潜在的盈利机会和可观的经济收益，对生产要素和生产条件进行再配置，以更高的生产效率和更小的生产成本，不仅取得更受市场青睐的新产品或新服务，还能推出新的生产方法和获得

· 38 ·

新的原材料供给，以及新的组织结构。汪应洛教授根据熊彼特创新理论的核心要素，认为技术创新是通过对生产要素和生产条件的重新组合，来建立新的生产体系，从而获得相应的经济收益。李垣教授指出，技术创新是在技术研发取得的发明成果基础上，将成果成功商业转化并获得经济收益的过程。此后，对于技术创新概念的界定，我国政府在有关政策文件中也对其进行了官方的界定，认为"技术创新是指企业应用创新的知识和新技术、新工艺，采用新的生产方式和经营管理模式，提高产品质量，开发生产新的产品，提供新的服务，占据市场并实现市场价值"。并明确了企业是技术创新的主体，得到了理论界与实务界的广泛认可。因此，本书依然遵循上述对技术创新概念的界定。

2. 技术创新的特征

在技术创新的特征方面，主要从技术创新的阶段性、层次和类型三个方面进行分析。

在技术创新的阶段性方面，根据技术创新的概念以及罗杰斯（E. M. Rogers）创新扩散理论，技术创新自身包含了过程属性，也就是说技术创新获得成功并不是一蹴而就的，需要完成技术创新过程中不同阶段的预定目标。并且，根据技术创新主体——企业在不同阶段的角色特征，可以将技术创新划分为不同阶段，其中被现有研究较多采用的划分方法是技术创新的两阶段理论，即分为技术研发阶段和成果转化阶段。技术研发阶段强调了技术创新成果的产生过程，涉及开发、研究和测试等环节。成果转化阶段则强调了对技术创新成果的应用，通过商业化过程来获取经济利益。

在技术创新的层次方面，现有研究主要关注技术创新在宏观的产业层面，以及微观的企业和团队层面的特点。其中，产业层面着重强调技术创新对经济增长和经济周期的影响，以及技术创新在产业中的扩散机理。而微观层面则是关注技术创新对企业或团队运营过程、绩效和竞争力的影响过程。

在技术创新的类型方面，根据分类标准的不同，技术创新可划分为多种类型。其中，以技术创新程度、规模为标准，技术创新可分为渐进性创新（Incremental Innovation）和突破性创新（Radical Innovation）。渐进性创新强调在现有的生产要素和生产条件基础上，不断地进行连续的小规模创新，以达到技术创新的目的；而突破性创新则是对现有的生产体系在短时间内进行力度较大的冲击，创新的程度和规模较大。按照技术创新的应用对象划分，可分为产品创新、工艺创新、服务创新等。而对于技术创新的影响对象来看，技术创新又可分为生产技术创新和管理技术创新。

（二）技术创新失败与再创新行为的概念界定

熊彼特在对创新概念定义时明确指出，是否达到预期收益是判断技术创新成败的主要标志。随着对技术创新认识的不断深入，对于"是否达到技术创新预期目标"（技术创新失败标准）的审视也更加多元，如是否通过技术创新建立起有效的市场，以及从社会效益、经济效益、生态效益等多个维度进行考虑，从而导致既有研究关于技术创新失败的标准还缺乏统一明确的共识。

根据现有研究关于失败项目以及创新失败的判断标准，结合技术创新的内涵特征，技术创新失败标准可以从程度维度、层级维度和时间维度进行系统的界定。

1. 程度维度方面

项目管理理论中的铁三角标准为技术创新的成败判断提供了借鉴。传统的铁三角标准认为，项目成功需要从质量、时间和费用等三个方面判断是否满足项目的预期要求，即要在既定的项目时间和成本预算内完成预期的质量要求。因此，对于技术创新行为而言，技术创新产品或服务未能在市场存在需求空间时提供，或产品和服务的技术创新成本超出预算成本，或提供的产品和服务没有满足预期的质量要求时，均意味着技术创新的失败。也就是说，当技术创新在质量、时间和费用的任一方面没有满足预定约束条件，其结果均界定为技术创新失败，如图2-4所示，灰色的立方体代表了技术创新的集合，立方体中的点（x，y，z）可以表示在时间、费用、质量维度上满足预期要求的技术创新成功。而在立方体外的部分，如点（x'，y'，z'）则可以表示技术创新失败。

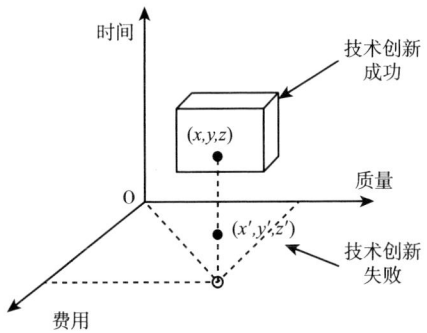

图2-4 铁三角标准下的技术创新失败

2. 层级维度方面

技术创新过程中涉及多方主体，一般而言，企业内部包括了一线员工、研发人员、技术团队以及企业自身等多个层级。并且，随着创新维度的不断提升，也出现了协同创新、产学研等创新形式，扩展了技术创新涉及的主体范围，包括政府科技部门、高校/科研院所、企业、中介服务机构等。而这种多层级多主体参与的技术创新过程，也在一定程度造成不同利益相关者对技术创新成功的理解差异，会根据主体的自身情况设定各自对技术创新失败的评断标准。例如，对于企业而言，其聚焦点往往在于通过技术创新是否提供了满足市场需求的产品或服务，是否获得了预期的经济收益，是否增强了企业自身的核心竞争力。而在产学研创新过程中，政府更为关注企业的技术创新活

制度环境视角下技术创新失败企业的再创新机理研究

动是否带动了社会福利的提升。高校/科研院所更为关注是否形成了具有领先优势的研发成果，而一定程度上忽视了科技成果潜在的商业价值。可以看出，由于在技术创新过程中，不同利益相关者对技术创新的预期要求和期望的差异，需要根据具体的不同层级利益主体，有针对性地从层级维度对技术创新失败进行判定。

3. 时间维度

由于技术创新的不确定性和高风险性，技术创新活动是一个复杂的系统工程。根据创新价值链理论和生命周期理论，技术创新可以分为技术研发和成果转化两个阶段。其中，技术研发包括技术创新过程中的研究、开发、测试等活动，而成果转化阶段则是将技术创新成果转化为商业价值和经济利益的过程，涉及商业策划、生产和营销等环节，如图2-5所示。

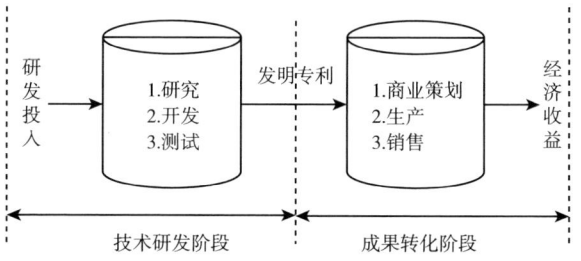

图2-5 两阶段的技术创新过程

图2-5看出，根据技术创新的周期性特征，可以从时间维度将技术创新失败分为以下两种情况：

第一，研发失败，主要是指在技术研发阶段的研究、开发和测试等环节遭遇困难和问题，从而导致的技术创新失败。

第二，成果转化失败，主要是指在技术研发阶段形成发明专利等技术成果后，在成果的应用和推广过程中出现问题，造成技术成果无法转换为新的产品或服务。或者是新产品或服务在商业化过程中，无法适应市场需求，从而难以将新产品或服务转化为经济利益。

第二章　基本理论分析

上述分析可以看出，对于技术创新失败标准的探讨，需要从程度维度、层级维度和时间维度，结合技术创新过程的具体情境进行综合判断。需要指出的是，无论是程度维、层次维还是时间维，技术创新成败判别的核心概念在于是否满足了上述维度的预期要求。因此，本书进一步对技术创新失败做出如下界定，技术创新失败是指技术创新活动是否在程度维、层次维和时间维等方面达到了技术创新的预期目标，即在技术创新过程中，由于技术资源、市场、组织、能力等外部环境因素和内部组织因素形成的技术创新障碍，导致了技术创新成果因没有到达预期的创新收益而被终止或取消。

关于技术创新失败与再创新行为的关系，结合图 $2-6$ 所示，T_1 为技术创新失败的时间点，T_1-T_2 为技术创新主体的失败重整期，在该时间段内，创新主体针对先前失败原因的分析，通过对失败经验的学习和失败资源的再配置，在时间点 T_2 做出再创新决策。并且，由于对失败资源配置的再利用，再创新的资源投入 V_2 会在一定程度上小于初始创新的资源投入 V_1，即存在 $V_2 < V_1$ 的关系。因此，本研究的再创新行为是指，技术创新主体在先前创新失败的基础上，通过对失败经验的学习和失败资源的再配置，所做出的后续技术创新决策。

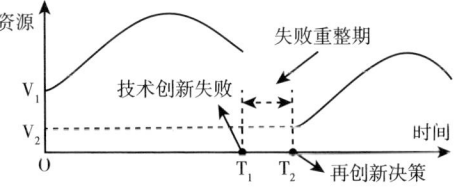

图 $2-6$　技术创新失败与再创新行为的关系

（三）制度环境的内涵与测度

1. 制度环境的概念界定

基于制度理论对企业战略管理以及决策行为影响的研究，首要解

· 43 ·

决的问题是如何对制度环境进行准确的定义，并对制度环境的内在维度进行科学合理的划分。在制度理论研究中，最具影响力的制度环境内涵界定是 North 和 Scott。North 的制度变迁理论中，认为制度是通过人为设计来塑造社会成员之间行为关系的约束条件，表现为一种社会内在的博弈规则[37]。并且，North 在对制度进行界定的同时，进一步将制度环境划分为正式制度和非正式制度两种类别[38]，其中，正式制度包括了涉及政治、经济、法律等多方面的人类社会生活的规则和契约，而非正式制度则强调与人类社会生活相关的习俗、文化等方面。由于 North 对制度维度的划分还较为粗略，后续研究在其研究的基础上对制度环境维度的构成进行了深化，其中最有影响力的是 Scott 对制度的进一步界定和内在维度的区分。Scott[114]认为，制度是认知、规范和规制的结构和活动的集合，为社会运行提供稳定性。可以看出，Scott 对 North 的正式制度和非正式制度的维度区分进行细化，将制度环境分为认知维度、规范维度和规制维度三个层面。其中，规制维度与 North 的正式制度涵义大致相同，强调了社会生活中的逻辑规制。认知维度和规范维度与非正式制度的联系更为紧密，一是规范维度是指人类的社会行为要遵循社会的信仰和习俗，二是认知维度强调了社会成员的文化信仰。

通过对比 North 和 Scott 关于制度环境的定义和维度划分可以发现，正式制度和非正式制度的制度环境划分得到共识，但 North 着重强调正式制度，而 Scott 则关注非正式制度，并且将其分为认知和规范两个维度，使制度环境的内涵更为细化。上述对比也从侧面反映出学科差异对制度环境研究侧重点的不同，在经济学领域中制度环境更为关注正式制度的影响，而在社会学领域中则主要以非正式制度作为制度环境的研究重点。

随着制度基础观研究视角的不断扩展，基于制度环境的正式制度和非正式制度的维度划分，后续研究对其进行了更为细致的区分，较具有代表性的观点如表 2-2 所示。

第二章　基本理论分析

表 2 - 2   制度环境的内在维度区分

代表研究	核心观点	
	正式制度	非正式制度
Ghemawat[115]	规制、经济	文化
Pattnaik 和 Soonkyoo[116]	产品市场、劳动力市场、资本市场	政治、社会
Bae 和 Salomon[117]	政治、法律、经济和规制	文化、认知和规范
Berry 等[118]	经济、金融、管理、人口、知识、全球化	文化

资料来源：作者整理。

可以看出，现有研究对于正式制度的划分存在较大分歧，例如，Ghemawat[115]强调了正式制度中的规制特征和经济属性。Bae 和 Salomon[117]将正式制度分为政治、法律、经济和规制等维度。Pattnaik 和 Soonkyoo[116]将正式制度分为产品市场、劳动力市场、资本市场等。Berry[118]等则以经济、金融、管理、人口、知识、全球化等维度进行划分。但不难看出，上述研究均是遵从了同一逻辑，即根据制度环境的内在职能进行区分，强调了正式制度是在经济、管理、法律等特定领域中为规范各方主体之间的行为而设计的正式规则。而在非正式制度方面，由于认知和规范在很大程度上能够通过文化属性进行延伸概括，因此在非正式制度的维度区分上，既有研究形成了较为统一的观点，即通过文化的测量来表征非正式制度。

综上所述，从政治、经济、法律和金融等维度来区分正式制度是一种重要的方法。尤其是在中国经济发展的现实情境下，制度体系的不健全和不完善，也导致要素资源分配过程中市场作用体现不足，政府成为影响要素资源分配的重要因素。并且，中国各地区经济发展水平的巨大差异也在一定程度上造成各地区制度环境变异程度的显著不同。在中国情境下正式制度所包括的政治、经济、法律和金融等维度对企业战略管理、决策行为和绩效的影响更为显著。因此，本书中对制度环境的内涵界定主要是基于正式制度的视角。需要说明的是，由于制度环境中的经济维度对企业战略管理、决策行为和绩效的影响易于理解，进一步遵循已有研究的观点，本书将制度环境定义为，社会

· 45 ·

中支持、引导和规制企业技术创新行为的规制集合，包括了政治维度、金融维度和法律维度等三个方面。

2. 制度环境的测度

从制度环境的概念和内在维度界定可以看出，制度环境内涵的不同定义会进一步导致对制度环境量化的差异化，关于制度环境的测度成为制度环境研究中的关键。由于中国与西方经济体在经济体制和经济发展进程方面的显著差异，也使本土化研究中对于制度环境的测度体现出独有特征。其中，对中国各地区制度环境的测度最有影响力且应用最为广泛的是樊纲和王小鲁所开发的"中国市场化指数"[119]。由于在改革开放后，中国一直处于计划经济向市场经济的转轨过程中，制度体制的不完善导致在经济发展过程出现了诸如政府对市场的行踪干预、市场环境中的不公平竞争、市场机制对要素资源配置作用减弱、收入结构恶化等问题。而市场化指数恰恰准确地反映了中国各地区的市场化的相对程度，市场化程度较高的地区其制度环境整体较好，涉及政府与市场的关系、非国有经济的发展、产品市场的发育程度、要素市场的发育程度、市场中介组织发育和法律制度环境等五个方面，使市场化指数成为制度环境本土化研究中使用最多的制度环境测量指标。在市场化指数的具体应用过程中，需要结合研究主题有针对性对制度环境进行测度。一般而言，从区域或行业等宏观视角探讨制度环境对经济增长的影响，多采用市场化指数的总指数来测度制度环境，如陈秀英[120]等人利用市场化指数测度制度环境，分析了制度环境在区域服务效率和地区利用外资关系中的调节作用。金祥荣[121]等人采用市场化指数，研究了地方制度环境的差异化对企业生产效率和地区出口规模影响的内在机理。而在企业层面的微观视角，由于企业研究主题的多样性，因此对于制度环境的测度往往根据研究主题需要选择市场化指数的分指数，通过分指数的指向特征来测度制度环境的某一内在维度，例如，市场化指数中的"市场中介组织发育和法律制度环境"衡量地区的法律环境水平[122]，而"政府与市场的关系"分指数也常用来测度各地区制度环境中政府干预程度[123]。

根据本书对制度环境内在维度的界定，影响企业技术创新行为的规制集合包括了政治维度、金融维度和法律维度，具体是指政府干预程度、金融发展水平和法律环境水平。针对上述制度环境内在维度的测度方法，现有研究中较具有代表性的如表2-3所示。

表2-3　　　制度环境不同内在维度的代表性测度方法

维度	测度方法
政府干预	1. 市场化指数； 2. 市场化指数中的"减少政府对企业的干预"的指标得分； 3. 市场化指数中的"政府与市场关系"分指数； 4. 世界银行调查数据中的政企沟通时间衡量； 5. "财政支出/GDP""财政支出/财政收入""财政赤字/GDP"等衡量地方财政压力的指标进行测度。
金融发展	1. 市场化指数中的"金融业的市场化"分指数； 2. 以"全部金融机构存贷款额/GDP"等指标为代表的银行融资发展程度； 3. 以"股票市场总市值/GDP"等指标为代表的证券融资发展程度。
法律环境	1. 市场化指数中的"市场中介组织的发育和法律制度环境"分指数； 2. 以地区案件结案率为具体指标进行测度； 3. 以"财政支出中公检法支出/GDP"等指标为代表的法律系统投入强度； 4. 世界银行调查数据中的"对法律的信心指数"题项得分。

资料来源：作者整理。

从表2-3可以看出，在政府干预程度方面，现有研究多是采用市场化指数或市场化指数的分指数，能够较为直观地反映出政府对该地区中企业营运的干预程度。虽然也有文献采用地区政府财政压力来衡量，通过政府财政压力变化来反映政府干预企业经营活动缓解财政压力的程度，但该方法仅是强调了影响政府干预的前因变量，并且不同地区的政府财政压力也有多种来源，导致其与政府干预的相关性存在较大偏差，并不能准确度量政府干预程度。在金融发展水平方面，市场化指数中的"金融业的市场化"分指数也较多在企业层面的微

·47·

观研究中采用，而银行融资和证券融资发展程度则多应用于区域层面的宏观研究，并且这两种方法虽然在一定程度上反映了地区金融环境的发展水平，但银行业与证券业的发展也会受到其他因素的影响，从而产生一定的测度误差。在法律环境水平方面，多数方法均是从法律系统的投入和产出的角度进行测度，而市场化指数中的"市场中介组织的发育和法律制度环境"分指数恰恰涵盖了地区法律环境建设的投入和产出的多个方面因素，因而也成为现有研究中较多采用的测度方法。

综上所述，虽然现有文献中关于制度环境的测度方法呈现多样化，但由于市场化指数在衡量中国各地区市场化程度中的全面性、客观性，以及对中国本土化研究情境的契合性，成为制度环境及其内在维度的度量过程中，尤其是微观企业层面研究中学界广泛采用的测度方法。因此，本书从制度环境视角分析技术创新失败企业的再创新机理，对于制度环境的测度遵循已有研究多数采用的测度方法，即通过樊纲和王小鲁[119]所开发的"中国市场化指数"来反映地区的制度环境。

三、技术创新失败企业再创新决策的行为特点

现有文献提出，企业技术创新决策受到市场环境、创新体制机制、决策者创新倾向、决策者领导素质以及技术创新风险和效益的关系等因素的影响，是决策者对多种影响因素综合判断的决策过程[124]，而对于创新失败企业而言，由于受先前失败结果的影响，其再创新决策过程往往更加复杂。一方面，创新失败的归因结果会影响决策者的再创新决策[125]，于晓宇等[126]认为，创新失败企业做出再创新决策的主要依据是决策者对失败的主观归因，而对失败的归因包括了自身能力、努力的内部原因，以及技术创新难度的外部原因，这

第二章　基本理论分析

种差异化的失败归因结果会使创新失败企业过度放大创新风险，以及对后续创新结果产生悲观预期，抑制了失败企业的再创新行为。另一方面，再创新决策是基于先前失败结果资源存量基础上进行的再判断，导致失败企业需要进一步考虑技术创新损失程度、自身创新能力、再创新成本、创新失败阶段等多个因素的影响约束，从而在一定程度上增加了再创新风险的不确定性。可以看出，相较于一般情况，创新失败企业再创新决策过程中，决策者会给予再创新风险和效益状况更大的权重。

同样，创新失败企业再创新决策行为作为在不确定条件下对影响因素判断和选择的综合体现，不仅受到利益驱动的约束，还受到决策者个人素质差异的影响，这种差异会导致决策者不同的失败归因，进而造成决策者做出不同的策略选择，呈现出有限理性的特点。而行为经济学中的前景理论能够更加准确描述决策者面对先前技术创新失败结果的实际状态，使再创新决策过程更加符合有限理性人的行为模式。因此，利用前景理论可以有效地呈现出，在不确定条件下创新失败企业的再创新决策行为特点。

结合上述分析，选择再创新产品的预期市场认同度与再创新难度的相对差值 r 来衡量创新失败企业再创新决策过程中风险和效益的关系。其中，再创新产品的预期市场认同度能够在一定程度上反映再创新活动的未来效益[127]。而再创新难度则是决策者根据先前失败损失程度、自身企业创新能力、再创新成本等因素，对技术再创新过程中不确定性和风险的综合感知[128]。并以再创新产品的预期市场认同度与再创新难度的相对差值作为技术创新失败企业再创新决策的参照点。当 $r>0$ 时，决策者认为技术再创新活动的前景较"好"，效用为正；当 $r<0$ 时，决策者认为技术再创新活动的前景较"差"，效用为负。

图 2-7 为创新失败企业再创新的前景效用函数 $V(r)$。第 I 象限的凹函数表示，当 $r>0$ 时，创新失败企业对再创新前景表现出正向

· 49 ·

感知，随着再创新产品未来市场认同度增大或再创新难度的降低，两者的相对差值 r 不断增大，失败企业的再创新前景效用也会相应增加，但受自身企业规模、市场结构和市场竞争水平等方面的影响，这种再创新效用呈现出边际递减的规律，即失败企业对再创新前景的正向感知的敏感性逐渐降低。而从第Ⅲ象限的凸函数看出，当 $r < 0$ 时，创新失败企业对再创新前景表现出负向感知，由于决策者对再创新产品未来市场持悲观看法或过度放大再创新难度，造成两者的相对差值 r 逐渐减小，失败企业的再创新前景效用为负且不断降低。此时，创新失败企业的最优策略为不进行后续的再创新行为，因而从效用角度而言，随着对再创新前景负面感知的不断增加，对失败企业再创新决策影响的敏感性也在逐渐降低，甚至在一定程度上表现出对再创新决策的免疫力。需要注意的是，第一象限中的凹函数比第三现象的凸函数，在函数曲线表现上更为陡峭，表明在失败企业再创新决策过程中，决策者对正向感知的变化更为敏感。也就是说，等量的再创新产品预期市场认同度与再创新难度的绝对差值变化，对再创新决策的影响更大。

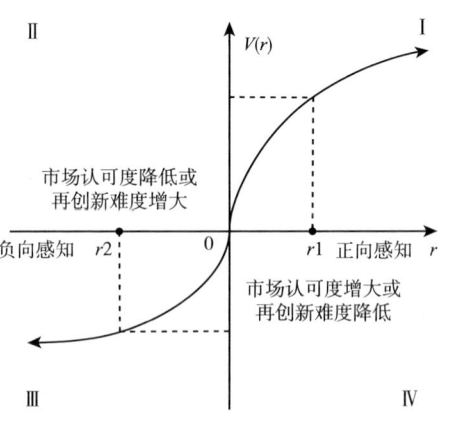

图 2-7　技术创新失败企业再创新的前景效用函数

可以看出，创新失败企业的再创新决策行为与创新产品的未来市场认同度和再创新难度密切相关，尤其是两者之间的相对差值的变化，会进一步影响创新失败企业对再创新行为前景效用的主观感知。因此，在再创新决策过程中，决策者关注的重点不仅在于创新产品的未来市场认同度、再创新难度等绝对值，更在于两者相对差值这一参照点的变化量。相对差值的变化，会使决策者对再创新前景效用产生正向感知和负向感知的差异，从而影响再创新决策。

从现实情况来看，决策者对创新产品未来市场认同度和再创新难度的判断，不仅受自身能力等内部因素的影响，还依赖于外部环境资源的支持，尤其是在当前经济结构转型的背景下，制度环境与技术创新是否相互适应，在一定程度上影响着企业的技术创新决策[129]。已有研究发现，市场结构、知识产权保护水平[13]、政府干预策略均会对企业技术创新产生显著影响，而制度环境也会影响企业的融资决策和资源分配。可见，制度环境也在创新失败企业的再创新决策过程中发挥着重要作用，影响着决策者对创新产品未来市场认同度和再创新难度的主观感知。因此，通过对制度环境的优化能够营造有利于失败再创新的外部环境，降低再创新决策者对后续创新活动前景的过度悲观，促进创新失败企业突破再创新困境，加快其再创新步伐。

四、理论分析框架的构建

根据对技术创新失败与企业再创新行为的概念界定，结合第一章对国内外研究现状的综述，以及本章对创新经济学理论、失败学理论和制度理论等基础理论的梳理和制度环境影响下的失败企业再创新决策行为的理论分析，构建本书研究的理论分析框架和关键问题，如图2-8所示。

根据技术创新失败企业的再创新过程"技术创新→创新失败→再创新决策→再创新投入→创新成功→企业绩效"的闭环路径，从制度环境的视角探讨技术创新失败企业再创新的过程机理，本书研究

制度环境视角下技术创新失败企业的再创新机理研究

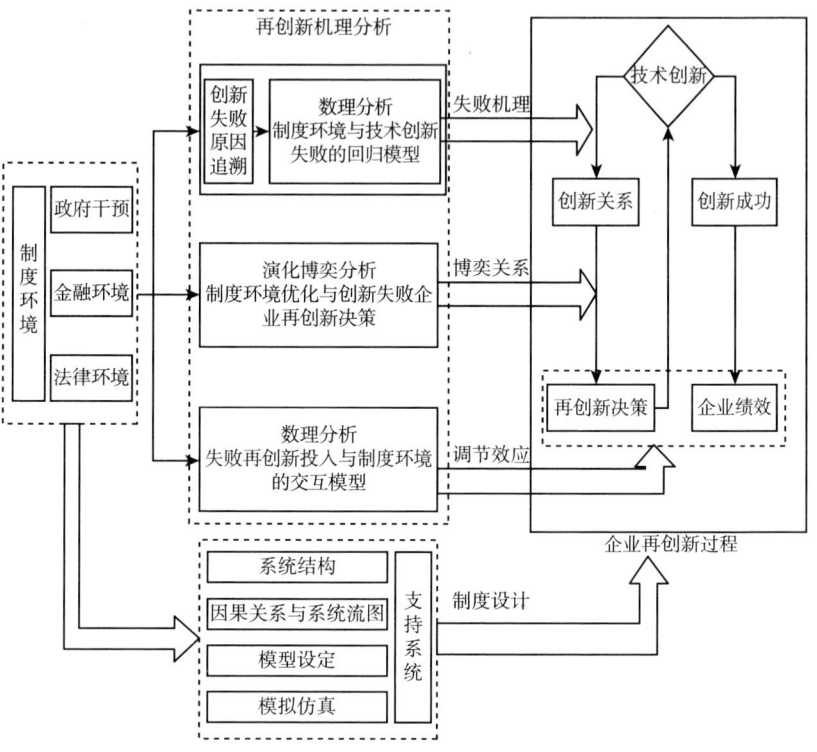

图 2 - 8　制度环境视角的技术创新失败企业再创新机理的理论分析框架

的关键问题具体包括以下几个部分：

（1）技术创新失败的原因追溯：制度环境视角下企业技术创新的失败机理。以制度环境作为企业技术创新失败原因追溯的切入点，围绕制度环境中的政府干预、金融发展和法律环境三个维度，分析制度环境对企业技术创新失败的影响机理。

（2）制度环境优化与技术创新失败企业再创新决策的演化博弈。基于先前技术创新失败情境，考虑制度环境影响企业再创新决策的动力因素，运用演化博弈方法和数值仿真方法，探讨政府制度环境优化与企业再创新决策的混合均衡策略。

（3）失败再创新与企业绩效：制度环境的调节效应。考虑企业再创新投入的经济效用，探讨失败再创新与企业绩效的内在关系，并

·52·

第二章 基本理论分析

从政府干预、金融发展和法律环境三个维度，分析制度环境在上述关系中的调节效应。

（4）面向企业再创新支持的制度环境优化对策。基于对技术创新失败企业再创新机理的分析，从制度环境的视角，利用系统动力学分析方法，构建企业再创新支持系统的动态模型，通过对系统的模拟仿真，探讨支持系统的效果和相应的对策建议。

制度环境视角下技术
创新失败企业的
再创新机理研究
Chapter 3

第三章 制度环境对企业技术
创新失败的影响机理

根据本书的研究问题，本章将主要探讨制度环境对企业技术创新失败的影响机理。首先，基于理论分析从政府干预水平、金融发展水平和法律环境水平等三个方面提出了本章的研究假设。其次，详细阐述了研究假设检验过程中采用的主要变量、数据来源与模型。最后，通过描述性统计、相关性分析、回归分析和稳健性检验，并根据实证分析的结果探讨了政府干预水平、金融发展水平和法律环境水平对企业技术创新失败的影响机理。

一、问题的提出

根据第二章关于技术创新失败概念的理论剖析，技术创新失败判断的核心标准在于是否达到了创新的预期目标，即在技术创新过程中，由于技术资源、市场、组织、能力等多方面创新障碍因素的影响，导致技术创新成果因没有到达预期的创新收益而被终止或取消。技术创新自身的不确定性和高风险性，在一定程度上决定了创新失败的客观存在。据相关统计数据显示，美国技术创新项目的失败概率高达47%[131]，而在中国这一数据进一步攀升，创新企业的失败率高达80%以上，新创企业的平均寿命不足3年[132]。那么，面对如此高的技术创新失败率，其内在的失败原因是什么？是进一步提高企业技术创新成功率，提高创新失败企业再创新积极性，构建容错创新机制首要解决的问题。

相关研究表明，技术创新过程中的技术障碍是导致创新失败的重要原因之一[133]，但外部环境因素的影响也不应忽视。尤其是我国与发达经济体在技术创新失败率上的巨大差异，进一步引发了问题的思考：虽然与发达经济体在技术创新能力和水平的差距客观存在，但我国与发达经济体在体制机制等制度设计上的巨大不同，是否也是造成技术创新失败的潜在原因？

· 56 ·

在中国经济转型的过程中，制度变革对企业行为决策的影响不容忽视。由于市场机制与政府干预对资本市场的共同影响，导致政府在一定程度上替代了市场机制对要素资源的配置作用，造成制度环境是企业发展重要的外部环境因素。根据 North 的制度理论[38]，经济增长的根本原因在于制度环境的优化，而技术创新是经济增长的内生动力。不可否认，制度环境对企业的技术创新活动产生着重要影响，制度环境与企业创新过程是否匹配，一定程度上决定着技术创新的成败。因此，本章借鉴了罗党论和唐清泉[134]、杨代刚[135]的研究结论，从政府干预水平、金融发展水平和法律环境水平等三个方面衡量制度环境，分析制度环境对企业技术创新失败的影响机理。

二、理论分析与研究假设

（一）政府干预水平对企业创新失败的影响

根据制度理论和市场转型理论，新兴经济体的经济结构转型可能导致制度环境等宏观层面因素对企业创新行为产生重要影响，尤其是在中国市场化改革过程中，政府与市场的关系往往在要素资源流动和配置起到了决定性作用，进而通过多种方式的政府干预手段影响着企业技术创新活动，从而在一定程度上影响着技术创新成败，但这种影响效果究竟是正向影响还是负向影响，现有研究还没有形成统一观点。

第一，在市场竞争环境中，由于技术创新的正外部性以及自身的高风险性特点，会降低企业技术创新的投资意愿，造成企业技术创新的驱动力不足，即存在"市场失灵"现象[50]。政府以研发补贴、税收优惠和政府采购等补贴方式对企业科技创新进行资助和补偿，可以在一定程度上减轻企业科技创新的资金投入压力，并且降低企业科技

·57·

创新的风险感知，提升科技创新的预期收益，提高企业研发投入的积极性，从而为技术创新提供充足的资源支持。Hall 和 Van Reenen[136]的研究发现，政府对技术创新企业实施税收激励政策，对企业的研发支出具有明显的促进作用。Czarnitzki，Hanel 和 Rosa[137]在对加拿大研发税收减免政策对制造业企业创新活动影响的研究中发现，税收减免政策能够促进企业更多的创新产出。Bérubé 和 Mohnen[138]在其研究中指出，政府创新补贴显著地提升了企业的创新行为，并且创新补贴的激励方式也促进企业成功地形成了更多的创新产品。González 和Pazó[139]在其实证研究中发现，政府创新补贴对企业创新投入的提升作用明显，能够显著的促进企业自筹创新投入，为技术创新项目的实施提供充足的资源保障。而基于中国情境的相关研究也显示，政府的创新激励政策刺激了企业研发投入的提升，并且在一定程度上分摊了企业的创新失败风险[140]。任曙明和吕镯[141]的研究发现，政府创新补贴能有效缓解企业的外部融资压力，并且这种创新补贴的平滑机制也显著促进了企业生产效率的平稳增长。此外，转型经济背景下政府的创新激励政策往往还能为企业带来一定的"光环"效应，由于政府补贴资源的有限性，补贴企业能够被隐性贴上政府认可的标签，从而帮助其在外部融资以及其他创新资源的获取上提供优势[142]。上述分析可以看出，政府干预对企业技术创新所形成的激励效应，一方面通过政府直接补贴补充了企业欠缺的创新资源；另一方面通过获取政府补贴，也向外界传递了响应政府政策导向，与政府保持良好关系的信号，有利于企业从其他渠道获取更多的外部资源。在两方面的共同作用下，政府干预一定程度上降低了企业自身技术创新努力的不确定性，分散了创新活动失败风险。

第二，与政府干预对企业创新行为的激励效应不同，部分学者对这种激励效应的有效性提出了质疑。Wallsten[143]就认为政府的资金支持实质上是替代了企业自身的研发支出，而技术创新活动本身是企业必不可少的发展计划，可以说政府补贴并没有实质性的促进企业的技术创新活动。尤其是在相关监管体系不完善的情况下，企业可能会利用与政府之间的信息不对称，或者通过与政府官员之间的寻租活动恶意骗取或不当获得政府补贴，由于企业消耗大量资源进行信息伪装和获取不当的政企关系，因此极有可能企业将所得的政府补贴投入非技术创新活动，从而降低了企业自身必要的技术创新投入[144]，导致技术创新项目的实施资源不足，提高了创新失败的风险。Catozzella和 Vivarelli[145]基于意大利的实证检验发现，政府的技术创新补贴挤出了企业自有的研发投入。马忠和刘宇[146]也指出，政府的干预程度越高，企业对于创新投入等长期投资的倾向性越低，更倾向于短期获取利润的项目。而控制资源分配的政府官员也会因为政绩和晋升的考虑，更多的将政府补贴投向成功率高、短期内回报率大的项目，从而影响了企业的技术创新，制约了其技术创新活动的顺利开展。上述分析可以看出，政府对于企业技术创新的激励行为可能影响了市场机制的主导作用，政府干预在一定程度上妨碍甚至损害了企业自有的技术创新行为，影响了企业技术创新活动的资源供给，对企业技术创新活动的顺利实施起到了一定的负面效应[147]，增大技术创新失败的风险。

通过上述分析可以看出，政府干预对企业创新行为的影响存在正反两方面的作用关系，即政府干预与企业创新行为之间表现出倒"U"形曲线关系，政府通过研发补贴、税收优惠和政府采购等方式对企业技术创新提供充足的资源支持，降低技术创新失败的风险，但过度的政府干预会挤出企业自身的创新投入，并且影响创新资源配置的市场配置，对企业技术创新活动产生负面影响，增大了技术创新失败的可能。因此，政府干预不足或政府过度干预，都有可能加剧企业技术创新活动风险，政府干预水平对企业技术创新失败的影响与政府干预强度的大小密切相关，因此提出以下研究假设：

H3－1：政府干预对企业创新失败的影响呈现倒"U"形关系，即企业所在地的政府干预强度低于某一临界值时，政府干预能够降低

· 59 ·

企业技术创新失败的可能性；而当政府干预强度高于某一临界值时，政府干预会增大企业技术创新失败的风险。

（二）金融发展水平对企业创新失败的影响

由于技术创新活动周期性长、不确定性高的特点，决定了技术创新需要大量的资金支持，但由于企业自身的内部融资约束，尤其是中小型企业往往需要通过外部融资途径来弥补自身的资金不足，外部融资对企业的持续运营以及技术创新活动的开展具有重要作用。Cull 和 Xu[148]的研究发现，外部融资的可获得性能够显著地提升企业的投资能力。外部融资对企业的技术创新决策有着重要影响，外部融资的可获得性则依赖于企业所在地区的金融体系等制度环境因素。Maskus、Neumann 和 Seidel[149]的研究发现，当金融市场能够提供多种融资方式时，企业的研发强度会得到显著增强。Benfratello、Schiantarelli 和 Sembenelli[150]的研究表明，金融中介体系的发展也能够带动企业技术创新活动的开展。康志勇和张杰[151]指出以市场为主导的金融系统发展能够积极促进企业技术创新活动。张志强[152]探讨了金融市场规模和效率与技术创新的关系，发现金融市场规模和效率对技术具有显著的正向效应。

此外，在金融发展与技术创新的关系研究中，有关学者进一步发现，由于技术创新的不确定性，造成创新的预期收益难以衡量，因而会加剧企业外部融资的困难[153]。但是，在金融发展水平较高的地区，由于金融系统的市场化程度更高，相关金融机构的经营独立性和信贷风险控制能力更强，对企业技术创新项目具有更高的优劣识别能力[154]。因此，对于技术创新企业而言，为了获得金融机构的信贷支持，会更为关注探索性创新项目的过程管控，更加有效地控制技术创新风险，从内部资源分配上给予技术创新项目更多支持，而金融机构由于对信贷资金的分配遵循市场机制原则，也会使风险控制更强的技术创新项目更为容易地获得金融机构的信贷资金支持。

上述分析可以看出，技术创新企业是否收到外部融资约束可能在一定程度上影响着技术创新项目实施的成败。在金融发展水平较高的地区，融资方式的多样性和市场化运作的信贷资金分配方式，能够使企业获得外部融资更为容易，而完善的金融系统也会促使企业进一步加强对技术创新活动的风险管控，从而降低技术创新的失败风险。据此，本书提出以下研究假设：

H3－2：金融发展水平对企业创新失败具有负向影响，即企业所在地的金融发展水平越高，能够降低企业创新失败的可能性。

（三）法律环境水平对企业创新失败的影响

技术创新的溢出效应导致的市场失灵，造成了企业私有回报率低于社会回报率，从而在一定程度上降低了企业研发投资的动力，制约了企业技术创新行为。为解决技术创新过程中的市场失灵问题[155]，政府除了给予企业相应的政策干预以激励其技术创新活动外，提升地区法律环境尤其是完善知识产权保护制度（Intellectual Property Rights）也是有效的政策工具。Nordhaus[156]的研究发现，在专利制度的保护下，企业的技术创新投入会得到显著的提高。Ginarte 和 Park[52] 在 RR（Rapp－Rozek）指数的基础上构建了 GP（Ginarte－Park）指数，并分析了专利保护与企业技术创新投入之间的关系，发现地区的专利强度对企业技术创新投资具有强的正向影响效应。Lin 等[53]基于中国的调查数据分析发现，产权保护与企业技术创新决策之间存在着显著正相关关系，通过产权保护能进一步提升企业的技术创新倾向。蔡地、万迪昉和罗进辉[154]的研究也表明，企业所在地区的知识产权保护水平越高，越能够促进企业的技术创新活动，提高其技术创新投入强度。

可以看出，法律环境水平是影响企业技术创新活动的重要因素之一。一方面，健全完善的法律制度环境能够有效维护技术创新企业的自身利益，技术创新的正外部性特征很容易导致企业的技术创新成本被他人模仿、剽窃或通过员工离职的方式进行知识转移，而知识产权保护制度正是通过法律手段有效防止模仿者对技术创新企业的利益侵害，帮助企业通过技术成果优势获得市场的垄断利润，提升企业技术创新动力[157]。另一方面，巨大垄断利润诱导企业进行技术创新投入的同时，良好的法律环境也会进一步提升企业之间技术创新的竞争程度，因而激烈的市场竞争环境也会促使企业技术创新动机的提升。对于创新失败而言，技术创新过程中的知识产权被侵犯往往是造成最终创新成果失败的潜在原因，不仅会造成持续性技术创新投入的不足，也会在一定程度上动摇技术研发团队的信心，从而增加了技术创新的失败风险。

此外，需要注意的是，现有研究中进一步指出，虽然中央和地方政府均颁布各种有关知识产权保护的法律条文，但各地区法律执行效率的差异也会影响企业技术创新的投入程度。方颖和赵扬[158]就指出地方政府和法院在法律的执行过程中往往会带有浓厚的地方性特色，从而造成知识产权保护过程中出现明显的地区差异。因此，当出现知识产权法律诉讼时，法律执行效率较高的地区会做出更为严格的处罚，而这种法治震慑力也能够让侵害知识产权的行为有所收敛。

综上所述，法律制度环境的完善，尤其是知识产权保护水平的提升，能够有效地促进企业技术创新投入强度，降低知识产权被窃取的可能，从而为技术创新活动的开展提供充足的资源支持，分散技术创新失败的风险。因此，基于上述分析，本书提出以下研究假设：

H3-3：法律环境水平对企业创新失败具有负向影响，即企业所在地的法律环境水平越高，能够降低企业创新失败的可能性。

本章研究假设的概念模型如图3-1所示。

第三章　制度环境对企业技术创新失败的影响机理

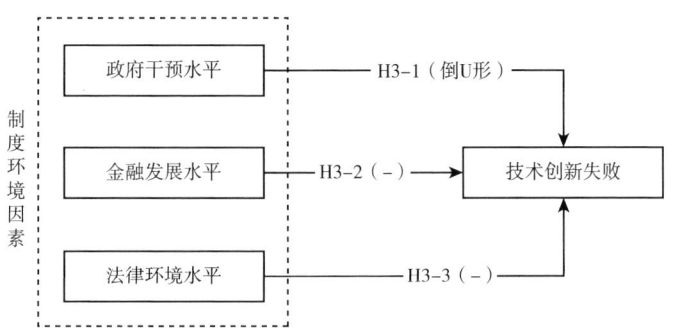

图 3 - 1　研究假设的概念模型

三、研究方法

（一）主要变量定义

1. 因变量

创新失败（innovfail）：由于"反失败"偏见的普遍存在，创新环境中的容错机制并不健全，从而导致企业更倾向于隐藏自身的技术创新失败情况。究其原因在于创新失败信息的披露会影响外界对企业技术创新能力的判断，企业自身的技术创新水平受到质疑，制约着对外部资源的获取。尤其是在当前中国经济转型的背景下，政府掌握了许多关键性资源，市场机制和政府干预在要素资源分配过程中起着重要作用，传递更为积极的技术创新信号往往能够在外部融资、政企关系方面给予企业更多帮助，进而有利于自身技术创新项目的顺利开展。因此，对于创新失败的测量是制约创新失败实证研究开展的关键问题。

为解决上述问题，本书借鉴了 Maslach[159] 关于创新失败变量的处理方法，将医药制造企业的药品产品在后期临床使用过程中出现药品不良反应的个体定义为创新失败，采用此种处理方式的原因主要有

· 63 ·

以下两点：

第一，根据前文对创新失败内涵界定，判断创新失败的标准核心在于创新结果是否达到了预期目标，具体而言就是要根据某一创新产品或服务的自身特点，从社会效益、经济效益、生态效益等多个维度有针对性地确定恰当的创新失败审视标准。对于医药类创新性产品，其预期目标是通过药品应用缓解或消除病人的患病症状。而药品不良反应是指在正常药剂用法用量的应用过程中，合格药品出现了与用药目的无关、非所期望的有害反应。虽然医药类产品需要经过严格的临床试验才能投放市场，但不良反应的出现恰恰是由于药品上市前研究的局限性所导致，在一定程度上体现出药物产品没有达到缓解或消除病人相应病症的预期目标，符合创新失败的核心标准。

第二，由于创新失败的负面属性，导致我国企业披露创新失败项目信息的主观意愿不足，因而现阶段缺少有关创新失败或能够与创新失败信息匹配的数据库，并且通过问卷方式获取数据的可能性也相对较低。而对于医药类产品，为了及时有效控制药品风险，保障公众用药安全，我国已基本形成了较为完善的药品不良反应监测体系，其监测系统能够提供较为完整的药品不良反应报告信息，为有关数据的获取提供了有效途径。

基于上述分析，本书将因变量创新失败（innovfail）设定为虚拟变量，当医药类产品出现不良反应情况，表示创新失败，取值为1，反之取值为0。

2. 自变量

针对制度环境的测量，国内研究多数采用樊纲等人编制的《中国市场化指数》，从政府与市场的关系、非国有经济的发展、产品市场的发育、要素市场的发育、市场中介组织发育和法律制度环境等5个方面对我国各省、自治区和直辖市的市场化进程进行了全面地评价比较。市场化指数包括了上述五个方面分项指数，每个分项指数反映

第三章　制度环境对企业技术创新失败的影响机理

了市场化进程中某一特定方面，共涉及 23 项基础指标。并且，在 2017年樊纲研究团队发布了最新的《中国分省份市场化指数报告（2016）》[160]。借鉴了肖作平[161]，代光伦、邓建平、曾勇[162]的做法，并根据本书研究需要选取"政府与市场的关系"分项指数测度政府干预水平（gover），"金融业的市场化"指数测度金融发展水平（finance），"市场中介组织发育和法律制度环境"分项指数测度法律环境水平（law）。

政府干预水平（gover）：中国地方政府在市场化改革过程中掌握了大量资源，并通过计划方式对要素资源进行配置，因而政府在要素流动和基础设施供给等方面占据绝对的主导地位。企业为获取足够的创新资源需要与政府保持较好的政企关系，从而保证技术创新过程的顺利实施，降低创新风险，但过度的政府干预可能会导致企业倾向短期获利项目，降低对探索性创新活动的支持力度，造成创新失败概率的升高。在"政府与市场的关系"指数中，涉及市场分配经济资源的比重、减少政府对企业的干预、减轻企业的税外负担和缩小政府规模等二级指标，能够较好地反映资源配置方面的政府作用，政府对企业的干预程度，以及政府规模膨胀对正常市场活动的影响程度。因此，本书采用"政府与市场的关系"指数衡量政府干预水平（gover），并且该指数为反向指数，指数越大表明该地区的政府干预水平越低，反之亦然。

金融发展水平（finance）：企业研发活动需要大量的经费投入，稳定、充足的资金支持是技术创新项目成功的不可缺少的条件。一般而言，外部融资是企业研发投入重要的来源途径，尤其对于新创企业，由于自身规模的限制，能否获得外部融资在一定程度上决定着技术创新项目的成败。而外部融资的可获得性主要依赖于地方金融市场的发育程度，金融业的市场竞争机制的形成，能够有效带动非国有金融机构的发展以及信贷资金非配的市场化，从而促进研发企业更为便捷地获得实施技术创新项目的所需资金，降低创新风险。在《中国

· 65 ·

市场化指数》中"金融业的市场化"指数能够较为全面地反映金融业的市场竞争程度和信贷资金分配的市场化,并被国内学者广泛应用[163]。因此,本书遵循既有研究中的主流处理方法,采用"金融业的市场化"指数测度金融发展水平,该指数越大表明银行越可能基于经济原则进行放贷决策,地区的金融发展水平越高。

法律环境水平(law):受文化、历史、区位和政策等方面的影响,在经济转型的过程中,中国不同地区的法律环境存在着显著差异,而法律作为保护企业合法权益的正式制度,也是影响企业实施探索性创新活动重要的外部因素。一方面,企业所在地区的法律制度环境越好,尤其是知识产权保护制度更加完善,能够在一定程度上降低技术创新的正外部性效应,降低企业创新的外部风险。另一方面,在法律正式制度的影响下,企业竞争环境更加公正,规制了寻租行为、商业窃取等非法竞争行为,从而保护了科技成果产权的合法性,有效降低了企业在技术创新过程中因知识不当转移造成的创新失败风险。对于"市场中介组织发育和法律制度环境"指数,不仅反映了企业所在地区的法律执法效率,也体现出各地区的市场中介组织的发育程度和知识产权保护水平。因此,本书采用"市场中介组织发育和法律制度环境"指数来衡量企业所在地区的法律环境水平,并且该处理方法的可靠性也得到相关研究的验证[164],该指数越大,表明地区的法律环境水平越高。

3. 控制变量

在控制变量的设置方面,本书主要遵循以下几点的考虑:

首先,从企业创新失败的内部原因来看,技术障碍是影响企业创新失败的主要原因。因此,企业的技术资源和水平在一定程度上决定着技术创新项目的成败。一方面,当企业具备充足的知识资源、人力资本等技术资源时,能够为技术创新项目的实施提供资源保障,降低创新失败的风险。另一方面,深厚的专业技术水平能够帮助企业在技术创新过程中更好地识别创新风险，克服技术跨越过程中的技术障碍。因此，为衡量企业的技术资源和水平（*tech*），本书借鉴 Allen 和 Phillips 提出的研发支出密度指标进行量化[165]，该指标通过企业研发支出与主营业务收入的比值进行定义，比值越大表明企业的技术创新资源和水平越高。

其次，中国经济体制中国有企业占据重要地位，由于与中央或地方政府保持着政企关系，国有企业相对于非国有企业在外部资源获取方面具有更大优势，而且在企业规模上国有企业往往也比非国有企业量级较大，因而会有更为充足的资源来保障技术创新项目的顺利实施。但是也有研究表明，受所有权性质的影响，国有企业管理层迫于政绩考核、政治晋升的压力，可能更倾向于期内提升企业绩效的项目实施，而技术创新项目由于收益周期性过长受到企业决策者的忽视，从而限制了技术创新项目的资源分配，在一定程度上增加了技术创新项目失败的风险。因此，本书将企业所有权性质（*state*）和企业规模（*size*）作为控制变量，在具体的变量定义上，企业所有权性质（*state*）借鉴了刘慧龙、吴联生的处理方法[166]，将其设置为虚拟变量，当样本企业为国有控股企业时，*state* = 1，否则 *state* = 0。企业规模（*size*）等于样本企业总资产的自然对数，数值越大表明企业规模越大。

最后，根据陈紫晴、杨柳勇[167]，左品晶、唐跃军、季志成[168]的研究，本书还控制了企业年龄（*age*）、企业成长性（*growth*）、资产收益率（*roe*）和财务杠杆（*leverage*）对企业创新失败的影响。其中，企业年龄（*age*）为企业的成立时间；企业成长性（*growth*）采用主营收入增长率指标进行衡量，在一定程度上反映了企业的投资能力；资产收益率（*roe*）等于净利润与平均资产总额的比值，比值越人说明企业的盈利能力越强；财务杠杆（*leverage*）反映了企业的负债情况，而负债压力则会约束企业的技术创新投入。

根据上述分析，本章的所涉及的主要变量如表 3 – 1 所示。

· 67 ·

制度环境视角下技术创新失败企业的再创新机理研究

表 3 – 1   主要变量及定义

变量类型	变量名称	符号	定义
因变量	创新失败	*innovfail*	虚拟变量，医药类产品出现不良反应情况时，表示创新失败，*innovfail* = 1，反之 *innovfail* = 0
自变量	政府干预水平	*gover*	"政府与市场的关系"指数，数值越大，政府干预水平越低。
	金融发展水平	*finance*	"金融业的市场化"指数，数值越大，金融发展水平越高。
	法律环境水平	*law*	"市场中介组织发育和法律制度环境"指数，数值越大，法律环境水平越高
控制变量	技术资源和水平	*tech*	研发支出密度 = 企业研发支出/主营业务收入，数值越大，技术资源和水平越高。
	所有权性质	*state*	虚拟变量，*state* = 1 为国有控股企业，*state* = 0 为非国有控股企业。
	企业规模	*size*	总资产的自然对数，数值越大，企业规模越大。
	企业成长性	*growth*	主营收入增长率，(本年主营业务收入 – 本年年初主营业务收入)/本年年初主营业务收入。
	企业年龄	*age*	企业的成立时间
	资产收益率	*roe*	净利润/平均资产总额，平均资产总额 = 资产合计期末余额
	财务杠杆	*leverage*	(净利润 + 所得税费用 + 财务费用) / (净利润 + 所得税费用)

(二) 数据来源

按照中国证监会公布的《上市公司行业分类指引 (2012 年修订)》标准，本书选择 2008 ~ 2014 年中国 A 股市场中的医药制造业上市企业作为研究样本。需要注意的是：首先，由于中国于 2007 开始执行新的《企业会计准则》，对上市公司的会计政策产生了影响。

因此，将样本研究区间开始于 2008 年，从而保证样本数据均在同一会计准则标准下产生。其次，由于最新发布的《中国分省份市场化指数报告（2016）》中对于制度环境替代变量的相关指标只更新到了 2014 年，这也是样本时间区间设定为 2008～2014 年的原因所在。在此基础上，进一步根据研究目标，对样本数据进行了如下获取和筛选：

第一，剔除了兽药、农业用药等非药品不良反应监测范围的药品上市企业，进一步利用上市企业官方网站、公司年报所披露的信息，手工匹配各医药制造业上市企业所包括的下属药品生产企业共计 408 家。在此基础上，利用国家药品不良反应监测系统进行"生产厂家"字段的信息检索，利用检索结果手工判断并设置变量 innovfail 取值，当某一年度某一上市公司下属企业所生产的药品出现不良反应状况，即认为样本企业当年出现创新失败情况，innovfail 取值为 1，反之为 0。

第二，根据主要变量的定义以及研究样本的时间区间，剔除了相关指标数据缺失，以及不满足 2008～2014 年时间区间的上市公司样本。

第三，制度环境变量中，"政府与市场的关系"指数、"金融业的市场化"指数和"市场中介组织发育和法律制度环境"指数均来源于 2017 年最新出版，王小鲁、樊纲等人编著的《中国分省份市场化指数报告（2016）》。在上述数据的基础上，根据上市企业注册所在地进行了政府干预水平、金融发展水平和法律环境水平的样本数据匹配。

第四，医药制造业上市企业有关数据均来源于国泰安 CSMAR 数据库。

根据上述原则，本书最终获得 77 家医药制造业上市企业 2008～2014 年共 539 个有效研究样本。

（二）模型设定

本章主要从政府干预水平、金融发展水平和法律环境水平三个方面探讨制度环境对企业创新失败的影响，由于因变量创新失败（*innovfail*）为 0 - 1 值的二元虚拟变量，借鉴了马光荣、李力行[169]对因变量为二元变量的模型处理方法，选择 Probit 模型进行估计回归。Probit 模型的逻辑回归可以有效估计某一事件发生的概率，因而被广泛用于模式策略选择中[170]。

此外，进一步对模型中的自变量 *gover*、*finance*、*law* 进行了滞后一期的处理，即 *t* 期的 *innovfail* 与 *t* - 1 期的 *gover*、*finance*、*law* 进行回归分析。这样处理主要基于以下两点考虑：第一，减少内生性问题对结果的影响，由于政府干预、金融支持以及知识产权保护的实施具有一定的时间周期性，因而前一期的制度因素会对当前的制度因素水平造成影响。第二，由于政策效果的实现往往需要一定的周期，因而制度环境因素影响效应可能存在显著的滞后性。据此构建以下多元回归模型：

$$innovfail_{i,t} = \alpha + \beta_1 gover_{i,t-1} + \beta_2 finance_{i,t-1} + \beta_3 law_{i,t-1} + \lambda \sum Control_{i,t}$$

$$(3-1)$$

式（3-1）中，$innovfail_{i,t}$ 为第 *i* 样本企业 *t* 期的创新失败状况，$gover_{i,t-1}$、$finance_{i,t-1}$、$law_{i,t-1}$ 分别表示第 *i* 个样本企业 *t* - 1 期的政府与市场的关系指数、金融业的市场化指数和市场中介组织发育和法律制度环境指数。$\sum Control_{i,t-1}$ 是一个控制变量集合，包括了技术资源和水平（*tech*）、企业所有权性质（*state*）、企业规模（*size*）、企业年龄（*age*）、企业成长性（*growth*）和资产收益率（*roe*）。β_1、β_2、β_3 为回归系数，表示自变量对创新失败的影响程度，λ 为控制变量集合的回归系数，α 为随机干扰项。采用 Stata 15.0 软件进行统计分析。

四、结果分析与讨论

（一）描述性统计分析

表 3-2 报告了主要变量的描述性统计分析结果。在因变量方面，

创新失败变量 *innovfail* 的均值为 0.53，表明在研究样本中企业的技术创新失败率为 53%，基本符合技术创新高风险性、不确定性的特点，虽然略低于中国企业创新 80% 的平均失败率，但这也与医药制造行业的产品创新特点有关，因为新药的研发上市需要经过更为严格的临床试验，从而能在一定程度上有效防止后期药物使用过程不良反应的发生。

表 3 - 2　　　　　　　　　主要变量的描述性统计结果

变量	样本数	均值	标准差	最小值	最大值
innovfail	539	0.53	0.50	0.00	1.00
gover	539	7.22	1.29	2.21	9.65
finance	539	5.72	2.05	2.05	12.23
law	539	6.97	4.23	0.52	16.19
state	539	0.45	0.50	0.00	1.00
tech	539	0.03	0.03	0.01	0.15
size	539	21.57	1.00	18.94	24.29
growth	539	0.28	2.73	- 1.37	62.18
age	539	14.88	4.67	2.00	29.00
roe	539	0.07	0.08	- 0.30	0.49
leverage	539	1.30	1.16	- 3.51	11.41

在自变量方面，由于不同省份地区在资源、地理、交通和历史等方面的原因，不同地区的经济发展方式存在明显差异。从图 3 - 2 可以看出，经济发展水平的不同造成了地区间制度环境的不同。在政府干预水平 *gover* 方面，最大值为 9.65，最小值为 2.21，标准差为 1.29，说明政府干预在不同省份地区存在差异。在金融市场水平 *finance* 方面，最大值为 12.23，最小值为 2.05，标准差为 2.05，说明金融业的市场化程度在不同地区并不一样。在法律环境水平 *law* 方面，最大值为 16.19，最小值仅为 0.52，标准差达到 4.23，表明地区间的法律环境存在着较大的不同。

在控制变量方面，所有权性质（*state*）的均值为 0.45，标准差为

制度环境视角下技术创新失败企业的再创新机理研究

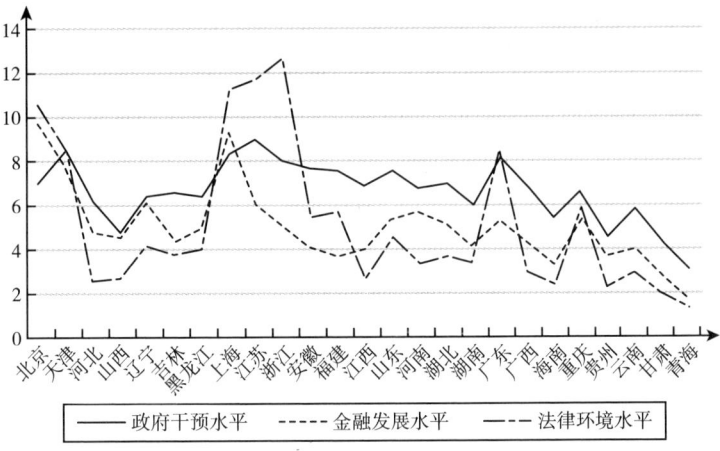

图 3 - 2　制度环境的地区差异

0.5，说明国有企业和非国有企业的数量大体一致。技术资源和水平
（*tech*）的均值为 0.03，最大值为 0.15，最小值为 0.01。企业规模（*size*）
的均值为 21.57，最大值为 24.29，最小值为 18.94，标准差为 1.00，一
定程度上表明样本企业整体上的规模差异不明显。企业成长性
（*growth*）的均值为 0.28，最大值为 62.18，最小值为 - 1.37，标准差
为 2.73，表明样本企业具有较为明显的成长性差异。企业年龄（*age*）
均值为 14.88，最大值为 29.00，最小值为 2.00，标准差为 4.67，这表
明样本企业在年龄方面具有明显的不同，且均值也说明样本企业经过
了一定稳定发展，普遍跨越了企业初创期。资产收益率（*roe*）的均值
为 0.07，标准差为 0.08，样本企业间营利能力差异并不明显。财务杠
杆（*leverage*）的均值为 1.30，最大值为 11.41，最小值为 - 3.51，标
准差为 1.16，这说明样本企业之间的负债情况存在明显的不同。

（二）相关性分析

表 3 - 3 汇报了主要变量之间的 Pearson 相关系数，可以看出，创
新失败（*innovfail*）与政府干预水平（*gover*）在 1% 的显著性水平上

表 3 - 3 主要变量的相关系数

	innorfail	gover	finance	law	state	tech	size	growth	age	roe	leverage
innorfail	1										
gover	0.116***	1									
finance	-0.015**	0.208***	1								
law	-0.032**	0.548***	0.593***	1							
state	0.088**	0.067	0.137***	-0.068	1						
tech	-0.107**	0.110**	0.216***	0.296***	-0.098**	1					
size	0.165***	-0.021	0.257***	0.159***	0.168***	0.012	1				
growth	-0.045	-0.018	0.011	-0.037	-0.055	0.002	-0.018	1			
age	-0.028	-0.136***	0.150***	0.033	0.079*	-0.085**	0.221***	-0.002	1		
roe	0.004	-0.000	0.076*	0.008	-0.126***	0.104**	0.158***	0.075*	-0.140***	1	
leverage	0.062	-0.023	-0.043	-0.056	-0.006	-0.018	0.031	-0.015	0.073*	-0.142***	1

注: *、**、*** 分别表示 10%、5%、1% 的显著性水平。

制度环境视角下技术创新失败企业的再创新机理研究

具有正相关关系，与金融发展水平（*finance*）和法律环境水平（*law*）在 5% 的显著性水平上具有负相关关系，而与企业技术资源和水平（*tech*）在 5% 的显著性水平上具有负相关关系。需要注意的是，自变量政府干预水平（*gover*）、金融发展水平（*finance*）和法律环境水平（*law*）之间的相关系数较大（绝大部分超过 0.5），而其他变量之间的相关系数均小于 0.3。因而在回归分析中，为降低模型中变量间的多重共线性问题，分别在模型中引入政府干预水平（*gover*）、金融发展水平（*finance*）和法律环境水平（*law*）等三个变量。

（三）回归结果与分析

由于制度环境在不同省份地区间的显著差异，因此在回归估计的过程中对省份地区进行了控制。表 3-4 显示了模型的基本回归估计结果。

表 3-4　　　　　　　　　Probit 模型的回归估计结果

	因变量：*innovfail*				
	模型 1	模型 2	模型 3	模型 4	模型 5
gover	0.379 *** (0.129)	1.186 *** (0.652)			0.425 *** (0.132)
$gover^2$		- 0.058 *** (0.021)			
finance			- 0.302 *** (0.083)		
law				- 0.119 *** (0.041)	
$gover \times law$					- 0.007 (0.006)
$gover \times finance$					- 0.028 ** (0.014)

第三章 制度环境对企业技术创新失败的影响机理

续表

	因变量：*innovfail*				
	模型 1	模型 2	模型 3	模型 4	模型 5
tech	−5.431** (2.600)	−5.618** (2.603)	−5.721** (2.621)	−5.879** (2.534)	−4.632* (2.658)
state	−0.101 (0.154)	−0.100 (0.154)	−0.108 (0.153)	−0.099 (0.153)	−0.123 (0.154)
size	0.244*** (0.078)	0.242*** (0.078)	0.256*** (0.077)	0.236*** (0.077)	0.290*** (0.079)
growth	−0.021 (0.013)	−0.021 (0.013)	−0.019 (0.013)	−0.021* (0.013)	−0.016 (0.013)
age	0.013 (0.016)	0.012 (0.016)	0.017 (0.016)	0.011 (0.016)	0.026 (0.017)
roe	−0.044 (0.971)	−0.068 (0.982)	−0.061 (0.963)	0.131 (0.956)	−0.326 (0.979)
leverage	0.045 (0.059)	0.044 (0.059)	0.039 (0.059)	0.063 (0.063)	0.053 (0.060)
Province	Control	Control	Control	Control	Control
_cons	−7.037*** (2.187)	−9.725*** (3.362)	−1.755 (1.669)	−2.997* (1.639)	−6.191*** (2.222)
N	444	444	444	444	444
Pseudo R^2	0.130	0.132	0.137	0.131	0.148

注：*、**、***分别表示10%、5%、1%的显著性水平，括号内标准误 SE。

表 3 - 4 的结果显示，模型 1 中的政府干预水平（*gover*）的回归系数为 0.379，且在 1% 的水平上达到显著，表明政府干预水平（*gover*）对创新失败（*innovfail*）具有显著的正向影响，由于变量 *gover* 的测度指标为反向指数，因而政府干预水平越高越能够降低企业技术创新失败，即政府干预水平每提高 1% 会降低企业技术创新失败概率 0.379%。但在模型 2 中进一步加入变量 *gover* 的平方项，其回归系数为 −0.058，且在 1% 的水平上达到显著，表明政府干预水平与企业技术创新失败之间呈现倒 U 形关系，其拐点位于 9.78%，

• 75 •

从而验证了假设 H3 - 1。在模型 3 中，金融发展水平（finance）对创新失败（innovfail）具有负向影响关系，回归系数为 - 0.302，且在 1% 的水平上达到显著，说明金融发展水平（finance）每提高 1%，会降低企业技术创新失败概率 0.302%，即金融发展水平的提升能够显著地降低企业技术创新的失败概率，假设 H3 - 2 得到了支持。在模型 4 中法律环境水平（law）在 1% 的显著性水平下对创新失败（innovfail）呈现出显著的负向影响关系，回归系数为 - 0.119，表明当法律环境水平（law）每提高 1% 时，创新失败（innovfail）会下降 0.119%，即法律环境水平的提升显著地降低了企业技术创新失败的概率，从而假设 H3 - 3 得到了验证。

上述结果表明，制度环境因素对企业技术创新失败的影响不容忽视。首先，在政府干预水平方面，当政府干预水平低于某一临界值时，政府干预程度越高越能够降低企业的创新失败概率，而当政府干预水平高于这一临界值时，政府干预对企业技术创新失败的负向作用开始显现，即过度的政府干预会导致企业创新失败率的提升。这一发现也一定程度上证实了范黎波和刘瀚龙的研究结论[171]，进一步表明了企业作为技术创新活动的主体地位，也符合现阶段中国经济结构转变的现实情况。由于在市场化改革过程中，政府在要素资源的分配过程中占据主导地位，通过研发补贴、税收优惠等激励政策手段，能够有效弥补企业在技术创新过程中的自有资源不足，并且与政府良好的关系也有利于企业更好地获得外部资源支持，在技术人才吸引、技术成果转化等方面取得更为突出的优势，从而为自身技术创新提供充足的资源保障，进一步降低技术创新过程中的失败风险。其次，在金融发展水平方面，金融业的市场化对企业技术创新失败呈现负向影响，其原因可能在于，由于企业技术创新活动不可避免的需要进行外部融资，金融系统的发展为企业提供了多种的融资方式和融资渠道，降低了企业获得外部融资的难度。此外，较高的金融业市场化水平也能强化信贷融资过程中的客观性，促进企业更关注于自身的创新能力。可

第三章　制度环境对企业技术创新失败的影响机理

以看出，金融发展水平越高越能够降低企业的外部融资成本，有效地增强企业的技术创新投入，从而能够在一定程度上降低企业技术创新失败的概率。最后，在法律环境水平方面，法律执法效率和知识产权保护水平的提升，也能够显著降低技术创新的失败概率。根据 Lin 等[53]的研究，较高的地区知识产权保护能够促进企业的技术创新投入，并且降低研发过程中技术外泄的潜在风险，为企业技术创新提供有效的知识产权保护，进而降低了因知识产权被侵犯造成的技术创新失败的发生概率。

从制度环境的 3 个衡量方面的横向对比来看，政府干预水平对企业技术创新失败的影响程度最大。并且，各地区由于在资源禀赋方面形成的显著差异，也会导致不同地区在金融发展水平和法律环境水平方面存在的不同，那么金融发展水平和法律环境水平的不同会不会导致政府干预水平对企业技术创新失败的影响程度变化？为此，在模型 5 中加入了政府干预水平和金融发展水平的交互项 $gover \times finance$，以及政府干预水平和法律环境水平的交互项 $gover \times law$，进一步检验两者对政府干预水平对企业技术创新失败影响的交互作用。结果显示，交互项 $gover \times law$ 的回归系数并不显著，而交互项 $gover \times finance$ 在 5% 的水平达到显著，且回归系数为 0.028，说明金融发展水平（$finance$）的提高会降低政府干预（$gover$）对创新失败（$innovfail$）的正向影响，即地区的金融发展水平越高，会降低政府干预对企业技术创新失败的影响效用。

可以看出，虽然通过技术创新补贴、税收优惠等方式的政府干预能够有效降低企业技术创新失败概率，但过度的政府干预会增大企业创新失败的风险，并且由于政府与企业之间的信息不对称性，政府也难以准确控制干预程度，因而政府需要谨慎干预企业的技术创新行为。但从另一方面来看，企业作为技术创新活动的主体，提高自身的技术水平和加强自身技术资源是降低技术创新失败概率的先决要素（控制变量 $tech$ 的回归系数均在 -4.7 以上）。因此，当企业所在地区

· 77 ·

的金融发展水平较高时，企业能够通过良好的外部环境，降低外部融资难度，从而减弱政府干预对企业技术创新的负向影响。也就是说，为了提升企业技术创新成功率，强化企业的创新意愿，政府对企业的创新干预程度可以随着金融发展水平的提升进一步降低，而金融业的市场化程度提升不仅会影响企业的技术创新活动，也会影响整体的社会经济生活，因而这也是创新环境提升较为理想的途径。

此外，在控制变量方面，回归估计的结果显示，技术资源和水平（*tech*）和和企业规模（*size*）对技术创新失败产生显著影响。其中，技术资源和水平（*tech*）呈现负向影响，即技术资源和水平的提高可以显著降低企业技术创新失败的概率，且 *tech* 的回归系数在模型 1 - 5 中均大于 -4.6，远高于制度环境因素的影响程度，进一步表明企业自身的技术因素是造成技术创新失败的关键要素，这与刘建国的研究结论相一致[133]。而企业规模（*size*）表现出了正向影响，即随着企业规模的不断扩大，企业技术创新失败的可能性也会不断提高，造成这种结果的原因可能在于，由于企业规模的扩大，在研发、生产和销售等各个环节均要投入大量的运营成本，并且人员和组织结构的庞大也会到来管理效率的损失，从而影响技术创新活动。其他控制变量未显示出显著性。

（四）稳健性检验

为验证回归估计结果的稳健性，本章进一步进行了如下检验：（1）变更了估计方法，采用 Logit 模型对实证过程进行了重新检验；（2）采用分组样本进行分析，按照企业所有权性质将研究样本划分为国有和非国有两组样本，也对实证过程进行了重新检验。

1. 变更估计方法

由于因变量创新失败（*innovfail*）为二元虚拟变量，二元值模型通常可以选择 Probit 模型和 Logit 模型两种，Logit 模型也是处理二元值的估计方法[172]，前述中已经使用了 Probit 模型，因此，采用 Logit 模型作为稳健性检验的变更估计方法。表 3 – 5 显示了采用 Logit 模型的回归估计结果，模型 1 和模型 2 的分析结果表明中，政府干预水平（gover）与企业创新失败（innovfail）之间存在显著的倒 U 形关系；模型 3 和模型 4 的结果也显示，金融发展水平（finance）和法律环境水平（law）均表现出了显著性，且回归系数的符号与 Probit 模型的回归估计结果相一致，从而支持了 H3 – 1、H3 – 2 和 H3 – 3。在交互作用的检验中，模型 5 的交互项 gover × finance 和 gover × law 的回归系数分别为 – 0.046 和 – 0.012，但仅交互项 gover × finance 在 5% 的水平呈现显著，这也与 Probit 模型的分析结果一致。在控制变量方面，仅有变量 tech 和 size 存在显著性，且回归系数的符号也与 Probit 模型的结果相同。因此，Probit 模型（表 3 – 4）和 Logit 模型（表 3 – 5）的回归估计结果具有一致性。

表 3 – 5 　　　　　　　　　　　Logit 回归的稳健性检验

	因变量 innovfail				
	模型 1	模型 2	模型 3	模型 4	模型 5
gover	0.628 *** （0.221）	2.027 ** （1.145）			0.715 *** （0.227）
$gover^2$		– 0.101 *** （0.032）			
finance			– 0.501 *** （0.141）		
law				– 0.201 *** （0.072）	
gover × law					– 0.012 （0.010）
gover × finance					– 0.046 ** （0.023）

制度环境视角下技术创新失败企业的再创新机理研究

续表

| | 因变量 innovfail | | | | |
	模型1	模型2	模型3	模型4	模型5
tech	-8.897** (4.406)	-9.224** (4.413)	-9.394** (4.479)	-9.799** (4.245)	-7.666* (4.544)
state	-0.167 (0.258)	-0.160 (0.257)	-0.172 (0.257)	-0.160 (0.256)	-0.197 (0.260)
size	0.408*** (0.132)	0.403*** (0.132)	0.427*** (0.129)	0.400*** (0.132)	0.488*** (0.135)
growth	-0.034 (0.022)	-0.033 (0.022)	-0.030 (0.022)	-0.034 (0.022)	-0.026 (0.022)
age	0.021 (0.026)	0.020 (0.026)	0.027 (0.026)	0.018 (0.026)	0.043 (0.028)
roe	0.014 (1.587)	0.038 (1.612)	-0.081 (1.577)	0.142 (1.570)	-0.475 (1.608)
leverage	-0.167 (0.258)	0.074 (0.096)	-0.172 (0.257)	-0.160 (0.256)	-0.197 (0.260)
Province	Control	Control	Control	Control	Control
_cons	-11.749*** (3.750)	-16.390*** (5.779)	-2.942 (2.808)	-5.095* (2.766)	-10.510*** (3.777)
N	444	444	444	444	444
Pseudo. R^2	0.130	0.132	0.137	0.132	0.148

注：*、**、***分别表示10%、5%、1%的显著性水平，括号内标准误SE。

2. 分样本的回归估计

根据江诗松、龚丽敏、魏江的研究发现[173]，国有企业与非国有企业不仅在技术创新能力存在差异，而且在资源获取方面国有企业也存在巨大优势。为了减少企业所有制性质对回归估计结果的影响，按照所有制性质将研究样本分为国有和非国有两组类别，再通过Probit模型进行稳健性检验，分析结果如表3-6所示。

在表3-6中，模型1~4为国有企业的检验组，模型5~8为非

第三章　制度环境对企业技术创新失败的影响机理

国有企业的检验组。从模型 1~4 的分析结果可以看出，政府干预水平（*gover*）的回归系数为 0.414（$p<0.05$），金融发展水平（*finance*）的回归系数为 -0.451（$p<0.01$），法律环境水平（*law*）回归系数为 -0.219（$p<0.01$），表明对于国有企业而言，通过一定的政府干预能够降低企业技术创新的失败概率，而金融发展水平和法律环境水平的提升也能够降低企业技术创新失败的可能性。但交互项 *gover* × *finance* 和 *gover* × *law* 的回归系数并不显著，表明对于国有企业而言，金融发展水平（*finance*）和法律环境水平（*law*）对政府干预与技术创新失败关系的交互作用并不明显，与全样本检验结果相比，这是一个新的发现。在控制变量方面，出现了与全样本估计结果的差异，仅有资产收益率（*roe*）与创新失败（*innovfail*）存在显著的负向影响，而技术资源和水平（*tech*）、企业规模（*size*）均未表现出显著性。

从模型 5~8 的结果中，政府干预水平（*gover*）和金融发展水平（*finance*）表现出了显著性，其中政府干预水平（*gover*）的回归系数为 0.416（$p<0.05$），表明政府干预水平（*gover*）对非国有企业技术创新失败（*innovfail*）具有显著的正向影响；金融发展水平（*finance*）的回归系数为 -0.219（$p<0.1$）表明金融发展水平（*finance*）对创新失败（*innovfail*）呈现出显著的负向影响；并且，交互项 *gover* × *finance* 在 10% 的水平达到显著，回归系数为 -0.030，进一步表明金融发展水平（*finance*）的升高会降低政府干预水平（*gover*）对非国有企业技术创新失败（*innovfail*）的正向影响，但在对于法律环境水平（*law*），其回归系数并未表现出显著性。而在控制变量方面，除技术资源和水平（*tech*）、企业规模（*size*）与全样本分析估计结果一致外，企业成长性（*growth*）也对创新失败（*innovfail*）表现出显著的负向影响，即企业的成长性越高，非国有企业技术创新的失败可能性也会降低。

通过国有企业与非国有企业的分组检验结果可以看出：首先，法律环境水平（*law*）的影响存在差异。法律环境水平（*law*）的提升对

·81·

表 3-6　所有权性质分类的分样本回归比较

	模型 1（国有）	模型 2（国有）	模型 3（国有）	模型 4（国有）	模型 5（非国有）	模型 6（非国有）	模型 7（非国有）	模型 8（非国有）
gover	0.414** (0.197)			0.640*** (0.224)	0.416** (0.189)			0.461** (0.193)
finance		−0.451*** (0.136)						
law			−0.219*** (0.070)	−0.018 (0.013)		−0.219* (0.120)		−0.005 (0.007)
gover × law				−0.028 (0.025)			−0.079 (0.052)	−0.030* (0.017)
gover × finance								
tech	−4.252 (3.854)	−5.241 (3.929)	−5.313 (3.786)	−3.527 (3.978)	−9.915** (4.950)	−10.433** (4.924)	−10.799** (4.920)	−8.642* (4.997)
size	0.262 (0.199)	0.272 (0.206)	0.275 (0.211)	0.298 (0.212)	0.196** (0.098)	0.186* (0.097)	0.176* (0.097)	0.219** (0.099)

续表

	模型1（国有）	模型2（国有）	模型3（国有）	模型4（国有）	模型5（非国有）	模型6（非国有）	模型7（非国有）	模型8（非国有）
growth	0.025 (0.184)	-0.046 (0.182)	-0.007 (0.170)	-0.037 (0.173)	-0.026* (0.013)	-0.026* (0.013)	-0.028** (0.013)	-0.022* (0.013)
age	0.001 (0.060)	0.051 (0.062)	0.016 (0.057)	0.100 (0.075)	0.011 (0.020)	0.009 (0.020)	0.008 (0.020)	0.018 (0.021)
roe	-4.213** (1.904)	-4.387** (1.902)	-3.956** (1.873)	-4.419** (1.908)	1.329 (1.194)	1.447 (1.170)	1.604 (1.189)	1.139 (1.182)
leverage	-0.021 (0.112)	-0.031 (0.107)	-0.027 (0.110)	-0.025 (0.109)	0.115* (0.068)	0.102 (0.069)	0.132* (0.078)	0.113* (0.068)
_cons	-7.085 (4.635)	-0.664 (4.228)	-2.412 (4.236)	-7.757 (4.907)	-6.591** (2.783)	-1.301 (2.146)	-2.496 (2.053)	-5.478* (2.805)
Province	Control	Control	Control	Control	Control	Control	Control	Control
N	187	187	187	187	247	247	247	247
Pseudo R²	0.185	0.206	0.204	0.222	0.168	0.164	0.162	0.176

注：*、**、***分别表示10%、5%、1%的显著性水平，括号内标准误SE。

非国有企业技术创新失败的影响并不明显，而能够显著降低国有企业技术创新失败的概率。出现这样结果的原因可能在于，相对于国有企业，非国有企业往往在规模量级上较小，技术创新项目的数量也相对较少，从而能够在相对有限的项目实施过程中投入更多的精力，在研发人员和研发资源管理上的控制更为严格，从而在一定程度上降低了知识产权外泄的风险，减少技术创新失败的可能。而国有企业由于企业规模较大，组织结构更为复杂，人员流动则带来了潜在的技术外泄风险，需要通过有效知识产权制度给予保护。

其次，技术资源水平（tech）、企业规模（size）和企业成长性（growth）对非国有企业技术创新失败的影响更为明显，技术资源水平（tech）和企业成长性（growth）的提高能够显著地降低技术创新失败的概率，企业规模（size）的减小则会降低技术创新失败的可能。其可能的原因是，国有企业往往利用自身的"先天"资源优势从而获得市场的竞争优势，而非国有企业则更为关注自身创新能力的提升，通过创新产品取得市场占有率，从而会在技术资源水平方面给予更多的支持，保证技术创新获得成功。非国有企业通过技术创新能力的提升为会带来更为明显的成长性，企业实力的不断增强则会为技术创新形成更多的资源保障。而非国有企业对于国有企业而言规模较小，因而会为了形成自身的技术优势在有限的自有资源中为技术创新项目实施提供更多的资源支持，降低企业技术创新失败的概率。此外，国有企业在资产收益率（roe）方面对技术创新失败的影响更加突出，而非国有企业的影响并不明显，可能的原因在于国有企业因自身的市场竞争优势，企业的营利能力更为突出，较高企业利润从而为技术创新活动提供良好的资金支持，减小了企业技术创新失败的可能性。

最后，制度因素的影响程度来看，国有企业和非国有企业在政府干预水平（gover）方面的影响差异不大，回归系数分别为 0.414（$p < 0.05$）和 0.416（$p < 0.05$）。在金融发展水平（finance）方面，

国有企业比非国有企业的影响效应更大，并且回归系数 -0.451（$p < 0.01$）在影响的绝对强度上也高于政府干预水平（$gover$）的影响。结果表明，国有企业的技术创新成败对于金融发展水平的匹配程度更高，由于国有企业所具有的"国"字招牌，在外部融资的过程中相对于非国有企业具备明显优势，技术创新投入可能更依赖于外部融资，金融业的市场化发展能够国有企业带来更多的外部融资，从而促进技术创新投入强度，也就是说，金融发展水平越高，国有企业的技术创新投入越高，进而降低了技术创新的失败概率。

综上所述，所有稳健性检验的估计结果与基本回归估计结果并没有实质性差异。因此，可以认为研究结论是比较稳健的。

五、进一步讨论

前述的研究结论表明，政府干预是制度环境因素影响企业技术创新失败的重要方面，政府干预水平与企业技术创新失败之间呈现出倒"U"形的作用关系，当政府干预程度低于某一临界值时，通过政府干预可以显著地降低企业技术创新的失败概率，而当政府干预程度高于这一临界值时，过度的政府干预则会造成企业技术创新失败概率的提升。一般而言，政府干预程度的高低一定程度上反映了政府与市场的关系。那么，在差异化的政府与市场关系情况下，制度环境因素的不同内在维度对企业技术创新失败的影响效应会不会发生改变？为此，在本章前述研究的基础上，对这一问题进行了进一步讨论。以政府干预水平变量 $gover$ 的中位数 0.75 为标准，将变量 $gover \geq 0.75$ 的研究样本划分为政府与市场弱关系组，将变量 $gover < 0.75$ 的研究样本划分为政府与市场关系强关系组，分别进行回归估计分析，结果如表 3 - 7 所示。

· 85 ·

表 3-7　政府干预水平差异的分样本回归比较

	模型 1 (弱关系)	模型 2 (弱关系)	模型 3 (弱关系)	模型 4 (弱关系)	模型 5 (强关系)	模型 6 (强关系)	模型 7 (强关系)	模型 8 (强关系)
gover	0.500* (0.281)			0.675** (0.303)	0.289* (0.170)			0.298* (0.171)
finance		-0.519*** (0.127)		-0.154*** (0.049)		-0.042 (0.127)		-0.022 (0.024)
law			-0.154*** (0.049)	-0.047** (0.019)			-0.107 (0.111)	0.018 (0.027)
gover×finance				-0.006 (0.007)				
gover×law								
tech	-4.413 (3.367)	-4.108 (3.477)	-2.798 (3.382)	-2.929 (3.487)	-5.409 (4.301)	-6.153 (4.339)	-6.104 (4.311)	-5.577 (4.354)
state	-0.080 (0.214)	-0.060 (0.220)	-0.050 (0.214)	-0.054 (0.221)	0.135 (0.249)	0.209 (0.250)	0.185 (0.249)	0.124 (0.249)
size	0.301*** (0.093)	0.362*** (0.093)	0.345*** (0.096)	0.381*** (0.098)	0.193 (0.168)	0.152 (0.167)	0.171 (0.168)	0.206 (0.170)

续表

	模型1（弱关系）	模型2（弱关系）	模型3（弱关系）	模型4（弱关系）	模型5（强关系）	模型6（强关系）	模型7（强关系）	模型8（强关系）
growth	0.226 (0.215)	0.323 (0.246)	0.340 (0.243)	0.348 (0.256)	-0.033** (0.016)	-0.036** (0.016)	-0.034** (0.016)	-0.032** (0.016)
age	0.028 (0.020)	0.042** (0.021)	0.041* (0.021)	0.048** (0.022)	-0.050 (0.037)	-0.071* (0.038)	-0.065* (0.037)	-0.048 (0.038)
roe	0.003 (1.208)	-0.266 (1.250)	-0.231 (1.239)	-0.394 (1.245)	0.314 (1.581)	0.849 (1.580)	0.683 (1.577)	0.222 (1.601)
leverage	0.149* (0.089)	0.167* (0.102)	0.222** (0.097)	0.191** (0.097)	-0.010 (0.089)	-0.014 (0.091)	-0.017 (0.090)	-0.012 (0.089)
Province	Control	Control	Control	Control	Control	Control	Control	Control
_cons	-10.182*** (3.582)	-3.731* (2.104)	-6.054*** (2.158)	-10.481*** (3.641)	-4.511 (4.113)	-0.998 (3.504)	-0.759 (3.497)	-4.549 (4.204)
N	222	222	222	222	220	220	220	220
Pseudo. R²	0.133	0.177	0.163	0.185	0.159	0.151	0.154	0.162

注：*、**、*** 分别表示10%、5%、1%的显著性水平，括号内标准误 SE。

表 3 - 7 的分析结果显示，模型 1~4 为政府与市场弱关系组的分样本估计结果，可以看出政府干预水平（*gover*）、金融发展水平（*finance*）和法律环境水平（*law*）均存在显著性，回归系数分别为 0.500（$p < 0.1$）、-0.519（$p < 0.01$）和 -0.154（$p < 0.01$），结果表明在政府与市场关系相对较弱的情境下，政府干预程度提升能够显著降低企业技术创新失败概率，而金融发展水平和法律环境的提升也会促进企业技术创新的成功。模型 4 中，交互项 *gover* × *finance* 的回归系数为 -0.047（$p < 0.05$），而交互项 *gover* × *law* 的回归系数并不显著，这一结果也与前述的基准回归结果相一致，进一步表明在政府与市场弱关系的情况下，金融发展水平的提升可以降低政府对企业创新失败的干预程度，其现实的意义在于，在政府与市场关系相对较弱的制度环境中，金融业市场化程度的提高能够缓解企业技术创新投入对研发补贴、税收优惠等政府激励干预的依赖，更加突出企业在技术创新活动的主导地位，即通过更为市场化的运行方式来为企业技术创新投入提供信贷支持，弥补企业技术投入不足，降低技术创新失败的可能。在控制变量方面，企业规模（*size*）和财务杠杆（*leverage*）在模型 1~4 中均表现出显著性，结果表明在政府与市场关系相对较强的制度环境中，企业规模的扩大以及负债水平的提高，均会在一定程度增大企业技术创新失败的可能。

模型 5~8 为政府与市场关系强关系组的估计结果，结果发现仅有政府干预水平（*gover*）表现显著性，回归系数为 0.289（$p < 0.1$），政府干预水平（*gover*）对创新失败（*innovfail*）存在显著的正向影响，其他自变量均没有表现出显著性。结果表明，在政府与市场关系相对较强的制度环境中，由于政府在生产要素资源配置的过程中起到重要作用，因而金融业市场化水平和法律环境水平对企业技术创新活动的影响效应相对较低，对技术创新活动的顺利开展的支持力度相对有限，造成金融发展水平和法律环境水平对企业技术创新失败的影响并不明显。而政府干预水平（*gover*）对创新失败的显著影响则说明，

第三章　制度环境对企业技术创新失败的影响机理

通过一定的研发补贴、税收优惠等政府激励干预，能够进一步提升企业技术创新的成功。但与政府与市场强关系组的估计结果相比，可以发现政府干预水平（*gover*）的回归系数大大降低（0.289 < 0.500），也进一步表明，当政府干预程度达到一定水平时，继续通过干预手段降低企业技术创新失败概率的效果会大大下降，即政府干预水平与创新失败之间并不是简单的线性关系，也在一定程度上支持了假设H3 - 1 的正确性。在控制变量的分析结果中，仅有企业成长性（*growth*）则对企业技术创新失败具有显著地负向影响，说明企业成长过快会在一定程度上增加技术创新失败的可能。而造成这种结果的可能原因在于，政府对企业生产经营活动的干预程度过高，虽然能够通过政策倾斜、资源扶持等途径加快企业的自身成长，但这种拔苗助长式的成长方式则忽视了企业自身创新能力的提升，资源和能力的差距以及不匹配则导致企业技术创新过程中失败风险极大增加。

制度环境视角下技术
创新失败企业的
再创新机理研究
Chapter 4

第四章 制度环境优化与创新
失败企业再创新决策
的博弈关系

本章主要探讨政府的制度环境优化行为对技术创新失败企业再创新决策过程的影响。在技术创新失败企业再创新决策行为特点的基础上，基于演化博弈理论方法，构建政府制度环境优化与失败企业再创新决策的演化博弈模型，讨论政府部门和技术创新失败企业在演化过程中的稳定均衡策略，并通过 MATLAB 软件对博弈系统中的参数变化进行模拟仿真，厘清制度环境因素对技术创新失败企业再创新决策的作用过程。

一、问题的提出

技术创新的不确定性和高风险性决定了创新失败的客观存在，但创新失败往往并不意味着企业的破产或倒闭[85]，在经历创新失败之后，企业决策者对于后续创新行为面临着望而却步还是重整旗鼓的抉择。理论分析和实践探索均表明，一项技术创新失败项目本身也蕴含着巨大的价值，不能因为其"失败"属性而对创新失败消极看待[174]。例如，辉瑞制药（Pfizer）曾投入巨大的资金进行心绞痛和心肌缺血治疗药物 Viagra 的研发工作，但在临床试验阶段，由于临床治疗效果不佳始终无法得到美国食品药品监督管理局（FDA）的入市审批进入商业化阶段，从而被迫宣布 Viagra 的研发失败。但技术创新过程中的巨大资源投入，促使辉瑞制药（Pfizer）对 Viagra 研发的失败经验进行审视和总结，在这一过程中研发技术人员无意中发现 Viagra 对于刺激男性生殖器官勃起具有明显的药效，从而在 Viagra 先前失败的基础上，改变 Viagra 药效的目标方向，重新设计研发方案和临床试验计划，最终证实了 Viagra 在治疗男性性功能障碍方面的疗效，创造出了第一个口服治疗男性性功能障碍的药物，成为医学史上备受瞩目的进步之一，也为辉瑞制药（Pfizer）带来了巨大的商业利润，奠定了在医药制造行业的地位。可以看出，Viagra 的研发过程恰

第四章 制度环境优化与创新失败企业再创新决策的博弈关系

恰是"技术创新失败→再创新"的典型案例,辉瑞制药(Pfizer)从最初的 Viagra 研发失败中挖掘了创新失败的潜在价值,并通过后续的创新行为成功的创造了商业价值。这进一步引发了本研究的进一步思考,当企业遭受技术创新失败后,不仅需要面对失败的财务成本,还会带来一定情绪成本和社会成本,那么在面对失败成本时,需要何种机制和手段来提高企业的再创新意愿,驱动企业的再创新行为,从而防止企业因畏惧创新失败而停滞不前,进一步带动社会整体创新环境的优化。

既有文献研究发现,在经历过技术创新失败之后,企业是否做出再创新决策不仅受到内在的自身因素影响,外在环境因素也与企业的再创新行为有着密切的联系。一方面,由于技术创新本身会消耗企业大量的自有资源,一旦创新失败,企业不仅需要面临巨大的失败成本,而且对企业管理者和技术研发人员而言,失败经历往往是一个创伤事件,带来消极的负面情绪。Ucbasaran 等人的研究就表明,经历过创新失败的企业管理者和技术研发人员往往不会体现出较为乐观的情绪[85]。因此,受制于自身的资源约束和负面情绪的影响,从内在自身因素来看,技术创新失败企业进行再创新活动需要企业具备一定失败资源再配置能力[12]和情绪管理能力[98],通过对失败资源的进一步整合,以及更为积极的看待失败经历,从而提高企业再创新的意愿。另一方面,基于上一章节的研究发现,制度环境是影响企业技术创新失败的因素之一,并且企业会更多地主观将失败归因于外部因素,外部因素是否得到改善是企业进行再创新决策重要的判断条件,而制度环境作为外部因素的重要组成部分,可能在一定程度上对企业再创新决策产生影响。首先,由于失败经历对企业自身资源的大量消耗以及自身资源的有限性,企业的再创新活动需要来自外部资源的支持,而通过政府的政策激励和完善的金融市场化体系。其次,可以为企业解决自有资源不足的缺陷,并且较高的知识产权保护水平,也可以有效防止技术成果的外部流失,从而提高企业的再创新信心。

制度环境视角下技术创新失败企业的再创新机理研究

基于上述分析可以看出，通过制度环境的优化可能在一定程度上促进技术创新失败企业的再创新决策，因此，本章为探讨制度环境对创新失败企业再创新决策的驱动效应，构建政府部门与技术创新企业之间的演化博弈模型，利用博弈论的分析范式，剖析制度环境优化对技术创新失败企业再创新决策的作用机理。

二、制度环境优化与失败企业再创新决策的演化博弈模型

（一）模型假设

假设 H4 - 1：根据 North 的制度变迁理论[175]，将政府作为制度环境优化的主体，因而在失败企业再创新决策过程中，博弈双方包括政府部门和创新失败企业两个主体，其中政府部门的策略集为（制度环境优化，制度环境不优化），失败企业的策略集为（失败再创新，沿用旧技术）。此外，博弈双方是有限理性的，政府部门以社会效益最大化为原则，即政府部门决策时主要考虑的问题是，制度环境优化是否促进了创新失败企业通过再创新活动带动社会福利的增长。而失败企业以经济效益最大化为原则，其进行再创新决策所关注的关键问题是再创新产品的未来市场认同度与再创新难度的相对差值，即在一定程度上反映了再创新收益。并且，在进行决策时双方需要根据彼此的策略不断进行自身行为，博弈过程是重复其动态的，直至达到双方策略的均衡状态。

假设 H4 - 2：创新失败企业无论是否进行再创新活动，都需要承受先前创新失败损失 I。当创新失败企业选择再创新策略时，其再创新活动的成本为 C_e，且通过失败再创新能够获得创新产品所带来的收益 R_{e1}；而失败企业继续沿用旧技术生产，不进行再创新活动时，

· 94 ·

第四章 制度环境优化与创新失败企业再创新决策的博弈关系

仅能通过原有产品获得收益 R_{e2}，存在 $R_{e1} > R_{e2}$。政府部门进行制度环境优化需要投入成本 C_g，并且在失败企业进行再创新活动时，因技术创新的正外部性，政府部门可获得由此创造的社会福利收益 R_{g1}，并且由于企业技术创新与制度环境优化的协同效应[176]，政府部门还能获得因失败企业再创新收益增加而产生更多赋税所带来的额外收益 W；而失败企业不进行再创新活动，沿用旧技术生产时，政府部门所获得的社会收益为 R_{g2}，存在 $R_{g1} > R_{g2}$。

假设 H4-3：基于上一章对制度环境内在维度的划分，并借鉴蔡地、万迪昉[60]的研究观点，政府部门的制度环境优化主要从金融发展、法律环境、政府干预等3个方面进行考量，且通过制度环境优化能够有效降低失败企业的再创新难度，提升创新产品的未来市场认同度。在金融发展方面，制度环境优化提升了金融业的市场化水平，降低了创新失败企业的外部融资成本，即再创新成本 C_e 有所减少。设金融发展水平系数为 $\beta(0 < \beta < 1)$，此时失败企业的再创新成本为 βC_e。在法律环境方面，制度环境优化不仅促进了知识产权保护水平的提升，也提高了地区的法律执法效率，在一定程度上保证了市场环境的公平竞争，提高了企业创新产品的市场销售数量，进而增加失败企业的再创新收益。设 ε 为法律环境水平系数，当政府部门进行制度环境优化，失败企业通过再创新活动的收益为 εR_{e1}，$\varepsilon > 1$。在政府干预方面，根据生延超的研究结论[177]，创新投入补贴是政府部门引导企业进行创新活动的重要方式，以此衡量政府干预水平。设政府投入补贴系数为 α，结合部分地区创新风险补贴的实际方法，补贴额度与失败损失 I 密切相关，因而，失败企业的补贴额度为 αI，$0 < \alpha < 1$。

假设 H4-4：创新失败企业进行再创新活动的概率为 $x(0 \leqslant x \leqslant 1)$，而沿用旧技术进行生产的概率为 $1-x$；政府部门选择制度环境优化策略的概率为 $y(0 \leqslant y \leqslant 1)$，而不进行制度环境优化的概率为 $1-y$。此外，x、y 均为关于时间 t 的函数。

· 95 ·

制度环境视角下技术创新失败企业的再创新机理研究

基于上述假设分析，进一步建立创新失败企业和政府部门之间的博弈收益矩阵，如表4-1所示。

表4-1 创新失败企业与政府部门的收益矩阵

		政府部门	
		制度环境优化 y	制度环境不优化 $1 - y$
创新失败 企业	失败再创新 x	$\varepsilon R_{e1} - \beta C_e - I + \alpha I;$ $R_{g1} - C_g + W$	$R_{e1} - C_e - I;$ R_{g1}
	沿用旧技术 $1 - x$	$R_{e2} - I;$ $R_{g2} - C_g$	$R_{e2} - I;$ R_{g2}

（二）稳定策略分析

根据创新失败企业和政府部门的收益矩阵，求解创新失败企业的混合策略期望收益 $\overline{U_e}$ 和政府部门的混合策略期望收益 $\overline{U_g}$。

创新失败企业进行再创新活动的收益 U_{e1} 为：

$$U_{e1} = y(\varepsilon R_{e1} - \beta C_e - I + \alpha I) + (1 - y)(R_{e1} - C_e - I)$$
$$= (y\varepsilon + 1 - y)R_{e1} + [(1 - \beta)y - 1]C_e + (\alpha y - 1)I \quad (4-1)$$

创新失败企业沿用旧技术进行生产的收益 U_{e2} 为：

$$U_{e2} = y(R_{e2} - I) + (1 - y)(R_{e2} - I)$$
$$= R_{e2} - I \quad (4-2)$$

创新失败企业的混合策略期望收益 $\overline{U_e}$ 为：

$$\overline{U_e} = xU_{e1} + (1 - x)U_{e2}$$
$$= (y\varepsilon + 1 - y)xR_{e1} + (1 - x)R_{e2} + [(1 - \beta)y - 1]xC_e + (\alpha xy - 1)I$$
$$\quad (4-3)$$

政府部门进行制度环境优化的收益 U_{g1} 为：

$$U_{g1} = x(R_{g1} - C_g + W) + (1 - x)(R_{g2} - C_g)$$
$$= x(R_{g1} - R_{g2} + W) + R_{g2} - C_g \quad (4-4)$$

政府部门不进行制度环境优化的收益 U_{g2} 为：

第四章 制度环境优化与创新失败企业再创新决策的博弈关系

$$
\begin{aligned}
U_{g2} &= xR_{g1} + (1 - x)R_{g2} \\
&= x(R_{g1} - R_{g2}) + R_{g2}
\end{aligned}
\tag{4 - 5}
$$

政府部门的混合策略期望收益 $\overline{U_g}$ 为：

$$
\begin{aligned}
\overline{U_g} &= yU_{g1} + (1 - y)U_{g2} \\
&= x(R_{g1} - R_{g2}) + R_{g2} - yC_g + xyW
\end{aligned}
\tag{4 - 6}
$$

由于创新失败企业和政府部门之间的策略选择是一个动态演化博弈过程。因此，为分析两者在演化博弈过程中的稳定策略，根据复制动态理论[178]，进一步得到创新失败企业进行再创新活动的复制动态方程 $\dfrac{dx}{dt}$，政府部门进行制度环境优化的复制动态方程 $\dfrac{dy}{dt}$，存在：

$$
\begin{cases}
\dfrac{dx}{dt} = x(1 - x)\{y[(\varepsilon - 1)R_{e1} + (1 - \beta)C_e + \alpha I] + \\
\qquad\qquad R_{e1} - R_{e2} - C_e\} \\
\dfrac{dy}{dt} = y(1 - y)[xW - C_g]
\end{cases}
\tag{4 - 7}
$$

令 $\dfrac{dx}{dt} = 0$，$\dfrac{dy}{dt} = 0$，可求得复制动态方程中的 5 个稳定点，即分别为 $E_1(0,0)$、$E_2(1,0)$、$E_3(0,1)$、$E_4(1,1)$、$E_5(x^*,y^*)$，其中

$$
x^* = \frac{C_g}{W}, \quad y^* = \frac{-(R_{e1} - R_{e2} - C_e)}{(\varepsilon - 1)R_{e1} + (1 - \beta)C_e + \alpha I}。
$$

根据 Fridernan 的方法[179]，利用 Jacobi 矩阵进一步定性分析 5 个复制动态方程稳定点的局部稳定性。分别对 $\dfrac{dx}{dt}$、$\dfrac{dy}{dt}$ 求 x、y 的偏导数，得到演化博弈系统的 Jacobi 矩阵 J。

$$
J = \begin{bmatrix}
(1 - 2x)\{y[(\varepsilon - 1)R_{e1} + (1 - & x(1 - x)[(\varepsilon - 1)R_{e1} + \\
\beta)C_e + \alpha I] + R_{e1} - R_{e2} - C_e\} & (1 - \beta)C_e + \alpha I] \\
Wy(1 - y) & (1 - 2y)(Wx - C_g)
\end{bmatrix}
$$

根据 Jacobi 矩阵局部稳定性的判断标准，即当矩阵的行列式 $det(J) > 0$ 且迹 $tr(J) < 0$ 时，该复制动态方程稳定点为演化博弈系

统的稳定点（Evolutionary Stable Strategy，ESS），具有局部稳定性；当矩阵的行列式 $det(J) > 0$ 且迹 $tr(J) > 0$ 时，该点为不稳定点。根据模型假设情况可知 $(\varepsilon - 1)R_{e1} + (1 - \beta)C_e + \alpha I > 0$，从而利用点 x^* 和 y^* 的取值，通过分别判定 C_g 和 W 的大小，以及 $R_{e1} - R_{e2} - C_e$ 的正负性，确定不同情况下创新失败企业与政府部门演化博弈的稳定策略。此外，进一步认为 $R_{e1} - R_{e2}$ 是创新失败企业进行再创新后的收益增加量，由假设得知 $R_{e1} - R_{e2} > 0$。

情况 1：当 $R_{e1} - R_{e2} - C_e > 0$，且 $W - C_g > 0$ 时，即创新失败企业通过再创新活动获得的收益增加量大于再创新成本，而政府部门因制度环境优化与企业技术创新的协同效应所获得的额外收益也大于制度环境优化成本。此时，$Jacobi$ 矩阵局部稳定性的分析结果如表 4 - 2 所示。

表 4 - 2　　　　　　情况一的局部稳定性分析结果

平衡点	$det(J)$	$tr(J)$	分析结果
$E_1(0,0)$	<0	不确定	不稳定
$E_2(0,1)$	>0	>0	不稳定
$E_3(1,0)$	<0	不确定	不稳定
$E_4(1,1)$	>0	<0	ESS

从表 4 - 2 可以看出，$E_4(1,1)$ 为此种情况下系统的演化稳定点，由于创新失败企业通过再创新活动获得的收益增加量足够大（$R_{e1} - R_{e2} > C_e$），从前景感知的角度，创新失败企业会认为其再创新产品能够回到较好的市场认同度，受经济利益驱动企业会选择失败再创新策略。而对政府部门而言，协同效应所产生的额外收益 W 大于制度环境优化的成本 C_g，政府部门会因为社会收益的增加，选择制度环境优化策略。此外，$E_2(0,1)$ 是系统的不稳定均衡点，细微的扰动即会导致系统稳态的失衡，也就是说，即使创新失败企业选择沿用旧技术的策略，但受到再创新收益增量 $R_{e1} - R_{e2} > C_e$ 的影响，企业的决策选择依然会向失败再创新策略演变，而政府部门由于创新失败企业沿用旧技术进行生产，即使选择制度环境优化也不会产生额外的社会福

第四章 制度环境优化与创新失败企业再创新决策的博弈关系

利收益 W，由于制度环境优化成本 C_g 的存在，政府部门会放弃进行制度环境优化的策略选择。但随着创新失败企业受经济利益影响，失败企业的策略选择决策发生改变，政府部门也会因 $W > C_g$ 的存在，其策略选择也发生变化，从而系统最终演化至 $E_4(1,1)$ 稳定点。博弈过程的系统演化相图如图 4-1 所示。

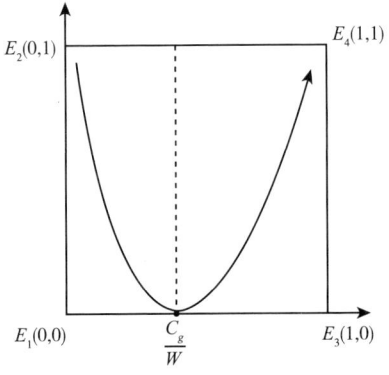

图 4-1 情况一的系统演化相图

情况 2：当 $R_{e1} - R_{e2} - C_e > 0$，且存在 $W - C_g < 0$ 时，表示创新失败企业的再创新收益增加量大于再创新成本，但政府部门的制度环境优化成本大于因协同效应所获得的额外收益。Jacobi 矩阵局部稳定性的分析结果如表 4-3 所示。

表 4-3　　　　　　　情况二的局部稳定性分析结果

平衡点	$\det(J)$	$tr(J)$	分析结果
$E_1(0,0)$	<0	不确定	不稳定
$E_2(0,1)$	>0	>0	不稳定
$E_3(1,0)$	>0	<0	ESS
$E_4(1,1)$	<0	不确定	不稳定

从表 4-3 可以看出，$E_3(1,0)$ 是此时系统的演化稳定点，其原因在于，创新失败企业的再创新收益增加量 $R_{e1} - R_{e2}$ 能够抵消再创新的投入成本 C_e，企业的最优决策为选择失败再创新策略。但对于

· 99 ·

政府部门而言，因制度环境优化与创新失败企业的再创新活动所产生协同效应而获得的额外收益 W 并不能弥补制度环境优化的投入成本 C_g，不进行制度环境优化能够获得社会收益 R_{g1}。而从另一方面来看，$E_3(1，0)$ 所达到的系统稳态也可以理解为创新失败企业进行再创新活动的"理想状态"，即当制度环境处于最优情境时，创新失败企业无须通过政府部门的制度环境优化引导，会自发地选择进行再创新活动。但由于制度环境优化成本 C_g 过高，就现阶段我国的现实环境，此种状态还难以实现，系统的演化相图见图 4 - 2。

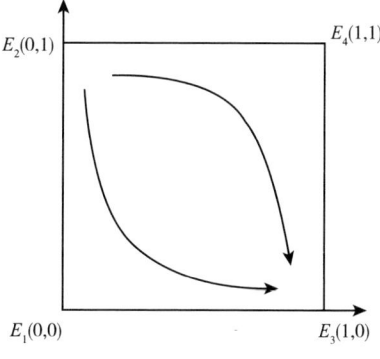

图 4 - 2　情况二的系统演化相图

情况 3：当 $R_{e1} - R_{e2} - C_e < 0$，且 $W - C_g < 0$ 时，即创新失败企业的再创新收益增加量小于再创新成本，并且政府部门的制度环境优化成本大于协同效应所获得的额外收益。此时，$Jacobi$ 矩阵局部稳定性的分析结果如表 4 - 4 所示。

表 4 - 4　　　　　　情况三的局部稳定性分析结果

平衡点	$det(J)$	$tr(J)$	分析结果
$E_1(0,0)$	>0	<0	ESS
$E_2(0,1)$	不确定	不确定	不稳定
$E_3(1,0)$	<0	不确定	不稳定
$E_4(1,1)$	不确定	不确定	不稳定

从表 4 - 4 可以看出，$E_1(0,0)$ 是博弈过程中的系统演化稳定点，是一种不利于容错创新环境建设的消极状态。从创新失败企业的角度来看，一方面，由于失败经历所形成的悲观思想，使失败企业降低了对再创新收益增加量 $R_{e1} - R_{e2}$ 的价值感知；另一方面，畏惧再次失败的心理进一步放大了对创新风险不确定性的估计，造成再创新成本 C_e 过大，从而使再创新收益增加量 $R_{e1} - R_{e2}$ 小于再创新成本 C_e，创新失败企业出于对市场环境生存压力的考虑，会选择沿用旧技术进行生产。而从政府部门的角度来看，即使创新失败企业选择再创新策略，因为制度环境优化的投入 C_g 大于协同效应所产生额外收益 W，对政府部门没有表现出社会效益的提升效应，缺少制度环境优化的驱动力，政府部门依然会选择制度环境不优化策略。此种情况下系统的演化相图见图 4 - 3。

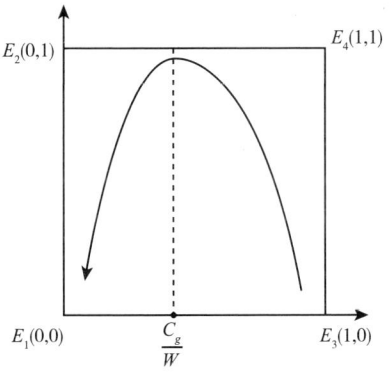

图 4 - 3　情况三的系统演化相图

情况 4：当 $R_{e1} - R_{e2} - C_e < 0$，同时存在 $W - C_g > 0$ 时，即创新失败企业的再创新收益增加值小于再创新成本，而制度环境优化与企业技术创新的协同效应所产生的额外收益大于政府部门制度环境优化成本。此种情况下，$Jacobi$ 矩阵局部稳定性的分析结果如表 4 - 5 所示。

可以看出，此时 $E_1(0,0)$ 依然为系统的演化稳定点，而 $E_3(1,0)$ 是系统的不稳定均衡点。其原因在于，如果创新失败企业选择失败再

制度环境视角下技术创新失败企业的再创新机理研究

表4-5　　　　　　　　情况四的局部稳定性分析结果

平衡点	$\det(J)$	$tr(J)$	分析结果
$E_1(0,0)$	>0	<0	ESS
$E_2(0,1)$	不确定	不确定	不稳定
$E_3(1,0)$	>0	>0	不稳定
$E_4(1,1)$	不确定	不确定	不稳定

创新策略，由于进行再创新活动的收益增加量 $R_{e1}-R_{e2}$ 不能弥补再创新成本 C_e，创新失败企业会改变自身的策略选择决策。而与此同时，当创新失败企业选择进行再创新活动时，政府部门发现制度环境优化与企业技术创新的协同效应所产生额外收益 W 大于优化成本 C_g，细微的系统扰动会打破 $E_3(1，0)$ 短暂的均衡现象，政府部门会改变自身的策略选择，进行制度环境优化。而随着创新失败企业选择沿用旧技术进行生产，政府部门不再获得因协同效应所产生额外收益 W，由于制度环境的优化成本 C_g 的存在，选择不进行制度环境优化又是政府部门的最优策略，进而最终达到系统的演化稳定状态，其演化相图如图4-4所示。

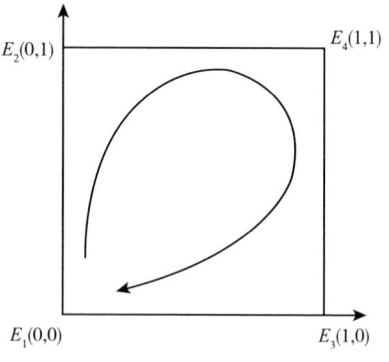

图4-4　情况四的系统演化相图

（三）进一步讨论

综合上述分析可以看出，情况1中系统的演化稳定点 $E_4(1,1)$ 是

第四章　制度环境优化与创新失败企业再创新决策的博弈关系

现阶段创新失败企业与政府之间较为合理的状态，即在 $R_{e1} - R_{e2} - C_e > 0$，且 $W - C_g > 0$ 的约束条件下，创新失败企业采取失败再创新策略，而政府采取制度环境优化策略。此外，根据图 4 - 2 的系统演化相图来看，$x^* = \dfrac{C_g}{W}$ 是系统演化曲线的拐点。当 $x < x^*$ 时，$y = 0$ 是稳定策略；而当 $x < x^*$ 时，$y = 1$ 是稳定策略。为使系统更快地向稳定点 $E_4(1,1)$ 收敛，应使 x^* 变小，即减小系统向 $y = 0$ 策略的演化时间，扩大系统向 $y = 1$ 策略的过程。因此，为了有利于创新失败企业与政府博弈系统向 $E_4(1,1)$ 稳定点演化，根据情况 1 的约束条件，应做出以下措施：

（1）增大创新失败企业进行再创新的收益增加量 $R_{e1} - R_{e2}$；

（2）降低创新失败企业的再创新成本 C_e；

（3）提高政府因失败企业再创新收益增加而产生更多赋税所带来的额外收益 W；

（4）减小政府进行制度环境优化的投入成本 C_g。

具体而言，创新失败企业的再创新收益增加量应大于再创新成本，且政府因失败企业再创新收益增益而产生的额外收益要尽可能的大于制度环境优化的投入成。然而，由于失败创新是在先前失败结果基础上进行的再创新行为，受到传统的"反失败"偏见的环境氛围影响可能导致系统难以收敛于稳定点 $E_4(1,1)$。

一方面，从创新失败企业再创新的前景效用函数 $V(r)$ 来看（图 2 - 7 所示），创新失败企业对再创新产品的预期市场认同度与再创新难度的相对差值 r 很容易产生认知偏差。按照认知心理学的解释，决策者对损失的感受往往比对收益的感受更为敏感，尤其是对创新失败企业而言，先前的失败经历可能导致其对再创新产生畏惧心理，过度的放大再创新难度，对未来的再创新前景产生悲观看法，加之再创新过程的不确定性和复杂性，容易使决策者高估再创新成本 C_e，谨慎预测再创新的收益增加量 $R_{e1} - R_{e2}$，即实际的再创新成本小于感知的再创新成本，实际的再创新收益增加量大于预测的再创新收

· 103 ·

益增加量，存在 $C_e < C_e'$，$R_{e1} - R_{e2} < (R_{e1} - R_{e2})'$，$C_e'$ 和 $(R_{e1} - R_{e2})'$ 分别为创新失败情况下决策者所感知的再创新成本和再创新收益增加量。

另一方面，从制度环境优化的主体政府来看，根据假设 4 - 3 可知，政府的制度环境优化成本 C_g 会与金融市场发展水平 β、法律环境水平 ε 和创新投入补贴 α 密切相关，即政府在上述三个方面的提高将带动制度环境优化成本 C_g 的提升，存在 $C_g(\beta, \varepsilon, \alpha)$。但是，由于中国经济的改革和发展过程中，地方官员的政治晋升、任职期限压力往往导致其更倾向短期内对地方 GDP 拉动效果明显的财政支出[180]，而金融市场发展水平、知识产权保护水平的提升不仅投入巨大，其效果也需要一定的周期才能体现。因而，地方官员在晋升锦标赛的压力下，对制度环境优化的正向效应缺少正确的认识，不能合理看待制度环境建设的大量财政投入，导致过高的估计了 $C_g(\beta, \varepsilon, \alpha)$。而政府所获得的额外收益 W 受创新失败企业再创新收益的影响，但"反失败"偏见的存在，以及当前创新环境中容错机制的不完善，造成部分政府官员对创新失败企业的再创新前景持悲观态度，从而导致降低了额外收益 W 的价值感知。

上述两个方面的综合作用造成了创新失败企业、政府高估了再创新成本和制度环境优化成本，低估了再创新的收益增加量，以及政府因再创新收益所带来的额外收益，使得 C_e 和 C_g 偏大，而 $R_{e1} - R_{e2}$ 和 W 偏小，导致博弈双方较难收敛于现阶段理想的系统均衡点 $E_4(1,1)$，也进一步解释了现实环境中创新失败企业获得的外部支持不足，导致再创新动力不足，制约再创新决策的原因。

三、参数分析与数值仿真

为更为直观地表现不同参数变量变化对创新失败企业再创新决策

第四章　制度环境优化与创新失败企业再创新决策的博弈关系

与政府制度环境优化决策之间演化博弈结果的影响，进一步运用 Matlab R2015b 软件进行演化博弈过程的仿真模拟。首先考虑初始值不同对博弈双方策略选择的影响，其次考虑参数变化对博弈双方策略选择的影响。根据 $R_{e1} - R_{e2} - C_e > 0$、$W - C_g > 0$ 的约束条件，假设 $R_{e1} = 1000$，$R_{e2} = 500$，$C_e = 200$，$C_g = 300$，$I = 300$，$W = 500$。此外，在制度环境参数方面，根据世界知识产权组织（WIPO）发布的 2017 年全球创新指数显示，中国在"知识产权支付在贸易总额中的占比"指标的标准化得分百分比等级为 0.78，排名 32 位[181]，因此设法律环境水平 $\varepsilon = 1.78$。一般而言，政府财政补助不超过企业相关研发支出的 20%，设政府投入补贴系数 $\alpha = 0.2$。而根据最新的发布的"全球金融中心指数"显示，随着中国金融改革和对外开放的持续推进，金融市场规模和体制机制得到不断扩大和完善，已有上海、北京、深圳、广州、青岛、天津、成都、大连等 8 个城市进入指数排名[182]，因此设金融发展水平 $\beta = 0.6$。参数初始值如表 4 – 6 所示。

表 4 – 6　　　　　　　　　　　参数初始值

参数	R_{e1}	R_{e2}	C_e	C_g	I	W	ε	α	β
初始值	1000	500	200	300	300	500	1.78	0.2	0.6

（一）初始值不同对博弈双方策略选择的影响

为分析初始条件中博弈双方策略选择概率不同对系统演化结果的影响，分别对 x 和 y 取值 0.2、0.5、0.7 和 0.9，研究在这四种情况下 x 对 y 的影响，以及 y 对 x 的影响，仿真结果如图 4 – 5 和图 4 – 6 所示。

从图 4 – 5 以看出，在固定 x 不同初始值情况下，y 值的变大可以加快 x 值向 $x = 1$ 均衡值的收敛速度，并且 x 初始值的不同不会影响 x 最终的策略选择结果，即表明随着政府部门对制度环境优化力度的不断加大，会明显的促进创新失败企业进行再创新活动。

图 4 – 6 仿真结果可以看出，在固定 y 不同初始值情况下，x 值

· 105 ·

制度环境视角下技术创新失败企业的再创新机理研究

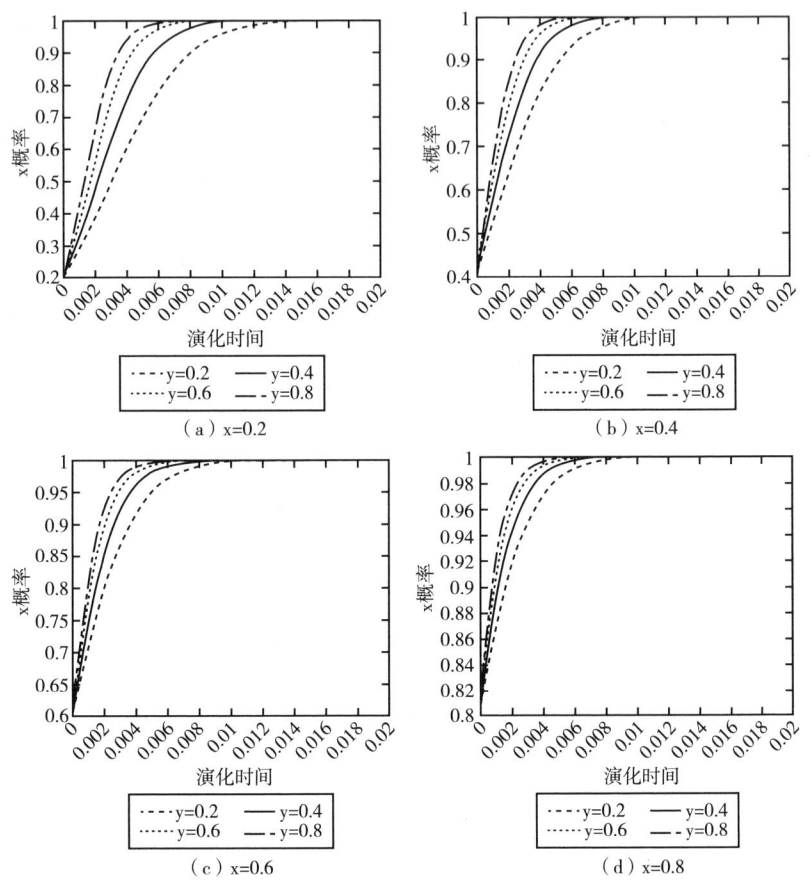

图 4 – 5 固定 x 不同初始值情况下不同 y 取值对 x 的影响

的变大可以加快 y 值向 $y=1$ 均衡值的收敛速度，但在 $x=0.2$ 和 $x=$ 0.4 时，y 值的演化轨迹与 $x=0.6$ 和 $x=0.8$ 时存在差别，即 y 在 $x=$ 0.2 和 $x=0.4$ 时，y 值的曲线出现拐点，先向 $y=0$ 演化再向 $y=1$ 收敛，这与理论模型分析的结果相一致，表明当创新失败企业进行再创新活动的意愿不足时，政府部门会由于过多的创新失败企业沿用旧技术进行生产导致其墨守成规，缺少进行制度环境优化的驱动力，而随着越来越多的创新失败企业选择进行再创新活动，社会创新规模和活力的提升，也会促使政府部门的策略选择也会发生变化，通过制度环

· 106 ·

境优化创新失败企业的再创新需求。此外，四种不同的 y 初始值情况的对比分析也可以发现，y 的初始值越大，$x=0.2$ 和 $x=0.4$ 时的 y 曲线越早出现拐点，即 y 值先向 $y=0$ 演化的时间越短，也进一步表明制度环境水平的提升有利于创新失败企业与政府之间较快地形成较为合理的失败再创新和制度环境优化的关系状态。

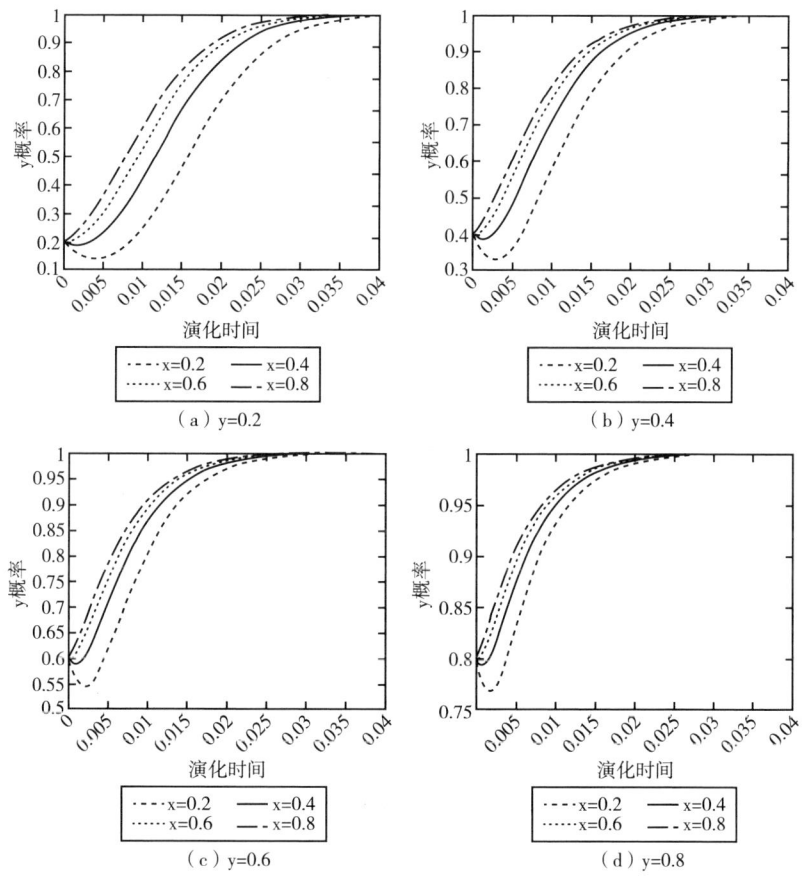

图 4-6　固定 y 不同初始值情况下不同 x 取值对 y 的影响

（二）参数不同对博弈双方策略选择的影响

主要考虑以下几种参数变化情境：（1）创新失败企业再创新收

制度环境视角下技术创新失败企业的再创新机理研究

益 R_{e1} 变化对创新失败企业和政府部门策略选择的影响；（2）创新失败企业再创新成本 C_e 发生变化时对创新失败企业和政府部门策略选择的影响；（3）政府部门所获额外收益 W 的变化对创新失败企业和政府部门策略选择的影响；（4）政府部门制度优化成本 C_g 发生变化时对创新失败企业和政府部门策略选择的影响；（5）制度环境衡量参数变化对对创新失败企业和政府部门策略选择的影响。

情景 1：创新失败企业再创新收益 R_{e1} 的变化

依据表 4 - 6 所列出的各参数初始值，并根据初始值不同对博弈双方策略选择影响的分析结果，进一步将创新失败企业再创新活动的概率 x 设定为 0.6，以及政府部门进行制度环境优化的概率 y 设定为 0.4。在此基础上，将 R_{e1} 的初始值 1000 分别调整为 500 和 1500，其仿真结果如图 4 - 7 示。

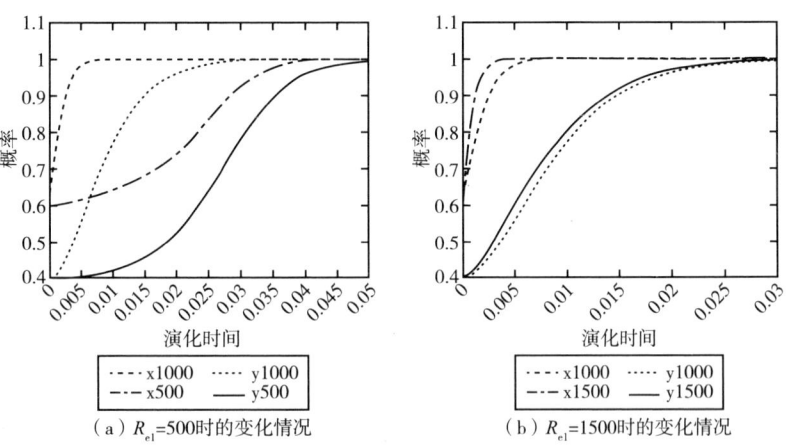

图 4 - 7　R_{e1} 的变化对博弈双方策略选择的影响

从图 4 - 7 可以看出，创新失败企业再创新收益 R_{e1} 的变化，不会改变创新失败企业和政府部门的最终策略选择，两者的策略最终收敛于 1，即创新失败企业选择进行再创新，政府部门选择进行制度环境优化。但从变化趋势来看，R_{e1} 的增大会加快 x 和 y 向 1 的收敛速度，并且 R_{e1} 的减小会降低其收敛速度。尤其是图 4 - 8（a）的结果显示，

· 108 ·

第四章 制度环境优化与创新失败企业再创新决策的博弈关系

当 $R_{e1} = 500$ 导致 $R_{e1} - R_{e2} - C_e < 0$，不满足整体系统的约束条件时，$x$ 和 y 向 1 的收敛过程会经过一段较长的状态"锁定"阶段，即创新失败企业和政府部门在一定时间内，两者的策略选择不会发生明显变化。上述结果表明，创新失败企业再创新收益的提高能够促进其再创新意愿的提高，提高其选择进行再创新活动的概率，而对于政府部门而言，也会因为创新失败企业再创新收益的提高获得更多的社会福利收益，从而提升政府部门选择制度环境优化的概率，政府部门与创新失败企业之间形成良好的协同效应。需要注意的是，如果再创新收益维持在较低水平，会造成创新失败企业与政府部门在一定时间内不会改变其初始策略，降低双方之间的协同效率，使两者在较长的时间内难以形成创新失败企业进行再创新、政府部门进行制度环境优化的合理状态。

情景 2：创新失败企业再创新成本 C_e 的变化

在初始值不变的情况下，依旧将创新失败企业再创新活动的概率 x 设定为 0.6，以及政府部门进行制度环境优化的概率 y 设定为 0.4。改变创新失败企业再创新成本 C_e 的初始值，由 $C_e = 200$ 变化为 $C_e = 100$ 和 $C_e = 400$ 两种情况，仿真结果如图 4-8 示。

从图 4-8（a）可以看出，当创新失败企业的再创新成本 C_e 减小到 100 时，其变化对政府部门进行制度环境优化的概率 y 影响不大，而对创新失败企业的再创新概率 x 而言，也仅是小幅度的加快了其向 $x = 1$ 的收敛速度。而在图 4-8（b）中 C_e 增大到 400，此时 x、y 的收敛速度会随 C_e 的增大而降低，但收敛幅度的变化均有限。上述的仿真结果说明，创新失败企业的再创新成本是影响创新失败企业和政府部门双方策略选择的影响因素，降低创新失败企业的再创新成本能够促进企业的再创新活动和政府的制度环境优化，但就现阶段的创新环境而言，再创新成本的改变对创新失败企业的再创新意愿，以及政府制度环境优化的作用影响还相对有限，尤其是创新失败企业更为关注自身再创新收益的增加。

·109·

制度环境视角下技术创新失败企业的再创新机理研究

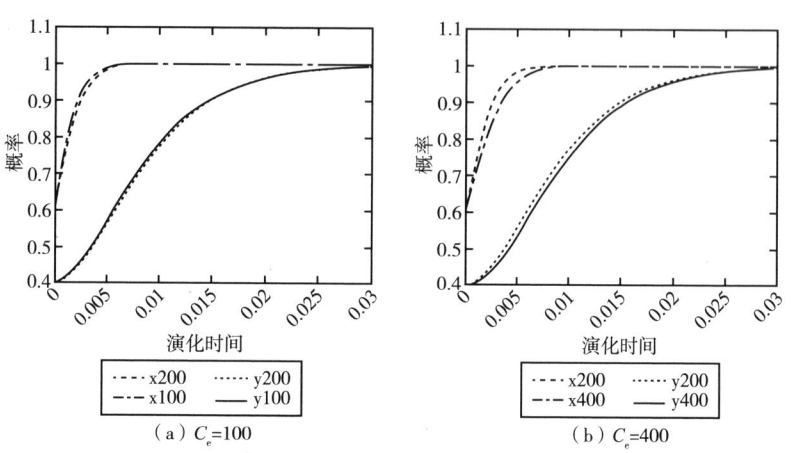

（a）$C_e=100$ 　　　　　（b）$C_e=400$

图 4 - 8　C_e 的变化对博弈双方策略选择的影响

情景 3：政府部门所获额外收益 W 的变化

在该情境下，依旧设定如下：$R_{e1}=1000$，$R_{e2}=500$，$C_e=200$，$C_g=300$，$I=300$，$W=500$，$\varepsilon=1.78$，$\alpha=0.2$，$\beta=0.6$，$x=0.6$，$y=0.4$。在此基础上，对政府部门所获额外收益 W 进行改变，由 $W=500$ 变化为 250 和 1000 两种情况，其仿真结果如图 4 - 9 所示。

图 4 - 9（a）的结果显示，当政府部门所获额外收益 $W=250$ 时，W 的减小会降低创新失败企业的再创新概率 x 向 $x=1$ 的收敛速度，并且会大幅改变政府部门制度环境优化概率 y 的收敛轨迹，由于此时 $W-C_g<0$，y 会向 $y=0$ 进行收敛，即政府部门最终会稳定于选择不进行制度环境优化。当政府部门所获额外收益 $W=1000$ 时，图 4 - 9（b）的结果可以看出，在保证 $W-C_g>0$ 约束条件成立的情况下，W 的增大对创新失败企业的再创新概率 x 影响作用很小，但会大幅提升政府部门制度环境优化概率 y 向 $y=1$ 的收敛速度。上述的结果表明，政府所获额外收益的变化对创新失败企业再创新活动的影响相对较小，但对政府制度环境优化策略的选择影响较大。政府所获额外收益的增加会促进制度环境建设水平的提升，但政府所获额外收益不足时会极大地抑制政府部门制度环境优化的能动性，难以在外部

· 110 ·

第四章　制度环境优化与创新失败企业再创新决策的博弈关系

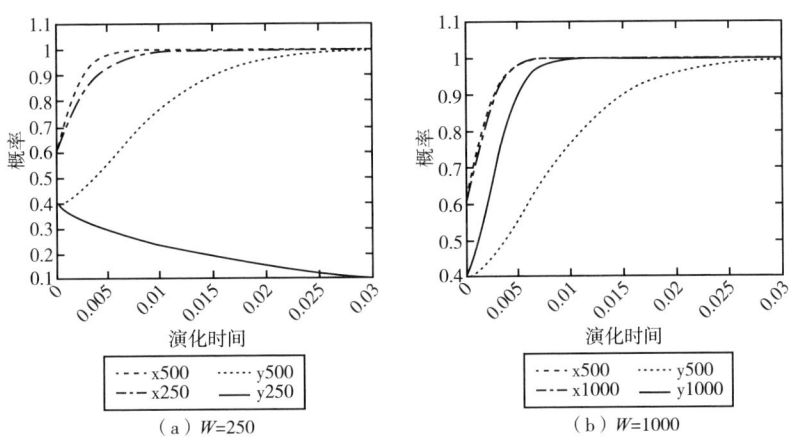

（a）W=250

（b）W=1000

图 4 - 9　W 的变化对博弈双方策略选择的影响

环境方面给予创新失败企业再创新的资源支持。

情景 4：政府部门制度环境优化成本 C_g 的变化

在初始值不变的情况下，继续将创新失败企业再创新活动的概率 x 设定为 0.6，以及政府部门进行制度环境优化的概率 y 设定为 0.4。在此基础上，改变 $C_g = 300$ 的初始值，C_g 分别取值 100 和 500，此情景的仿真结果如图 4 - 10 所示。

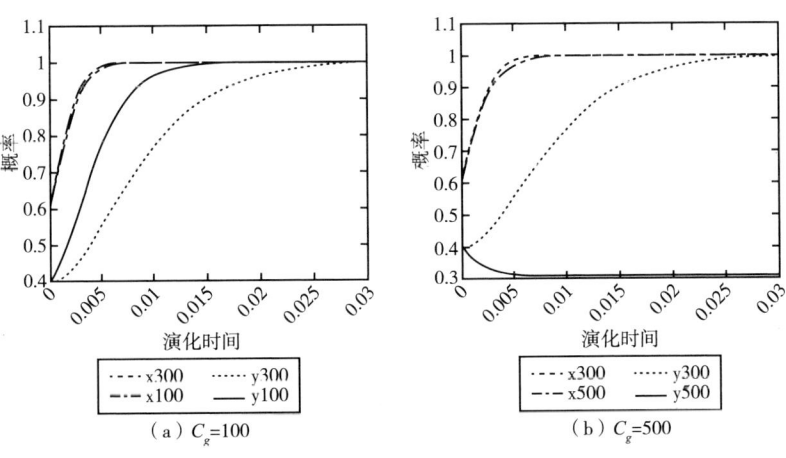

（a）C_g=100

（b）C_g=500

图 4 - 10　C_g 的变化对博弈双方策略选择的影响

· 111 ·

制度环境视角下技术创新失败企业的再创新机理研究

图 4 - 10 的结果显示，政府部门制度环境优化成本 C_g 的减小会加快制度环境优化的概率 y 向 $y=1$ 的收敛速度，并且，制度优化成本 C_g 的增大，尤其是当 C_g 的增大导致约束条件 $W-C_g>0$ 不成立时，会进一步改变 y 的收敛方向，但对于创新失败企业再创新概率 x 的收敛影响不大。上述结果表明，政府部门制度环境优化成本的降低会促进制度环境的优化，但对于创新失败企业再创新意愿的提升影响相对较小。此外，制度环境优化成本的增大也会抑制政府部门进行制度环境优化的意愿，尤其是制度环境优化成本超出政府所获社会收益时，政府制度环境的建设会维持在较低水平。

情景 5：制度环境衡量参数 ε、α、β 的变化

此种情景下，考察制度环境不同方面的变化对博弈双方策略选择的影响，更为全面地反映双方之间的动态行为过程。设 $R_{e1}=1000$，$R_{e2}=500$，$C_e=200$，$C_g=300$，$I=300$，$W=500$，$x=0.6$，$y=0.4$。依次改变制度环境衡量参数变量 ε、α、β 的初始值，设 $\varepsilon=1$ 和 3，$\alpha=0.1$ 和 0.4，$\beta=0.4$ 和 0.8，其仿真结果如图 4 - 11 所示。

从图 4 - 11 的结果可以看出，政府投入补贴系数 α 和金融市场发展水平系数 β 的变化对博弈双方创新失败企业和政府部门的策略选择并不会产生明显的作用影响，但图 4 - 11（a）的结果显示，法律环境水平系数 ε 的增大（减小）会提升（降低）创新失败企业的再创新概率 x 和政府部门进行制度环境优化的概率 y 的收敛速度。上述结果表明，就现阶段对创新失败企业再创新意愿的提升效果，政府部门在进行制度环境优化时应重视法律环境的建设，尤其是知识产权保护水平的提升和执法效率的提高，其作用效果不仅能在一定程度上提高创新产品的市场销售量，增加创新失败企业再创新收益，促进其进行再创新活动，而且也能带动整体制度环境建设步伐的加快。这也与我国在法律环境建设，尤其是知识产权保护制度方面存在缺失的现实情况相吻合，由于对知识产权的尊重和专利意识淡薄，形成的不公平市

第四章　制度环境优化与创新失败企业再创新决策的博弈关系

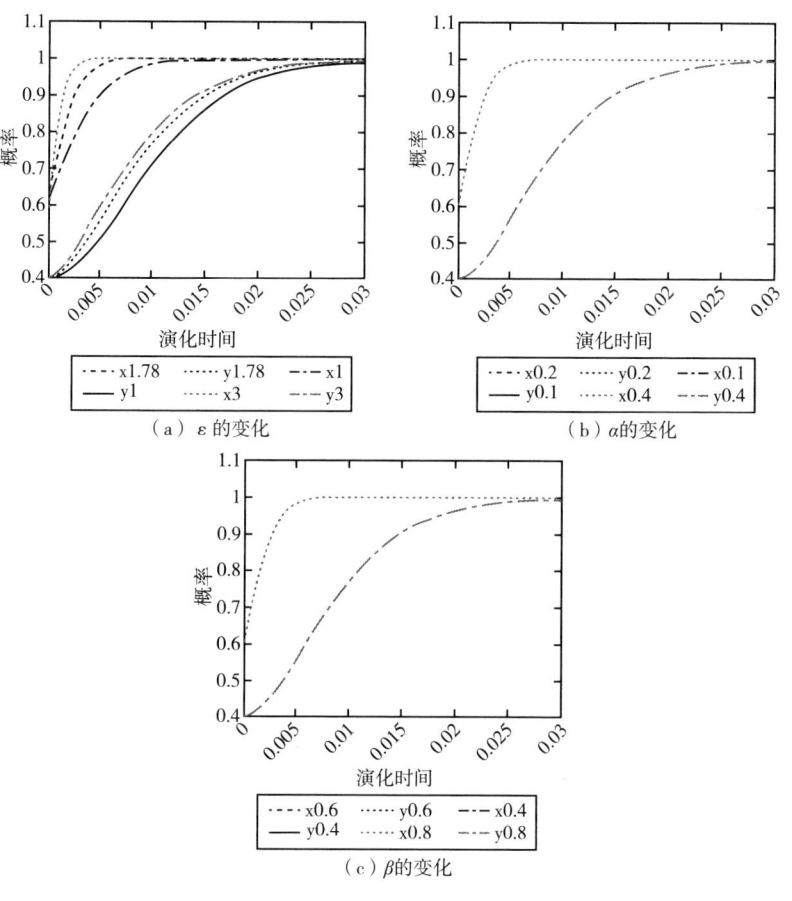

（a）ε 的变化　　　　（b）α 的变化

（c）β 的变化

图 4-11　ε、α、β 的变化对博弈双方策略选择的影响

场竞争环境，极大地挫伤了企业的创新热情。因此，法律环境水平的
提升是激发创新失败企业再创新意愿、保护其再创新成果的有效
支撑。

（三）综合分析

综合初始值不同以及参数不同对博弈双方策略选择影响的仿真模
拟结果可知：

· 113 ·

（1）在技术创新失败企业方面，再创新成本的降低虽然能够促进技术创新失败企业的再创新活动，但这一影响的作用还相对有限，在现阶段的创新环境中，技术创新失败企业更为关注再创新活动的未来收益，再创新收益的提高能够显著的提高技术创新失败企业的再创新意愿，并且通过企业的再创新活动也能进一步带动政府部门收益的提升，从而促进政府部门在制度环境建设方面投入更多的资源进行制度环境优化。虽然受"反失败"偏见的影响，企业在经历技术创新失败之后往往会过度地放大再创新难度，产生畏惧创新的负面情绪，谨慎的预测再创新收益。但再创新收益也会受到市场竞争环境的影响，根据参数仿真分析的结果，法律环境水平系数 ε 的增大会提升企业的再创新概率 x，即良好的知识产权保护和较高的执法效率能够帮助企业在公平的市场竞争环境中提高再创新产品的市场销售量，保证企业未来的市场收益，进一步说明，完善的法律环境能够在一定程度上缓解失败企业对再创新行为的悲观看法，从而促进技术创新失败企业的再创新行为。

（2）在政府部门方面，制度环境水平的提升能够促进技术创新失败企业和政府部门向（失败再创新，制度环境优化）的稳定状态演化，即政府部门在对制度环境不断优化的同时，可以显著地提高技术创新失败企业的再创新意向，促进再创新行为。此外，理论分析和仿真结果进一步表明，当政府部门因企业创新行为获得的收益增加时，会提高其制度环境的建设水平。而当这一收益不足时，不仅会制约政府部门的制度环境建设，也不能给予技术创新失败企业充足的外部资源支持，因而，政府部门的制度环境优化和失败企业的再创新行为需要形成一种良好的协同效应，政府通过提升制度环境水平来促进企业的再创新活动，企业在通过再创新活动获得市场收益的同时，也会提升政府的收益水平，进一步使政府部门有充足的资源进行制度环境建设，两者之间形成良好的协同互动。此外，从制度环境优化的成本角度来看，优化成本的降低也会减少政府部门制度环境优化的难

第四章　制度环境优化与创新失败企业再创新决策的博弈关系

度，提升其制度环境优化的意愿，尤其是制度环境优化成本过高时，政府部门的收益不足会导致制度环境维持在水平，从而造成整体社会的创新环境处于消极的恶性状态。因此，政府部门要进一步优化机构组织结构，明确机构职能，提升相关政策和操作的透明度，提高办事效率低，进一步降低自身制度环境的优化成本。

制度环境视角下技术
创新失败企业的
再创新机理研究
Chapter 5

第五章　失败再创新与企业绩效：
　　　　制度环境的调节效应

在分析制度环境对技术创新失败企业再创新决策的驱动效应基础上，本章将进一步探讨制度环境因素在创新失败企业再创新投入与企业绩效关系间可能存在的调节效应。首先，通过理论分析梳理失败再创新投入与企业绩效的关系，并从政府干预水平、金融环境水平和法律环境水平等三个方面提出制度环境因素所起调节作用的研究假设。其次，构建研究假设检验过程中所采用的多元回归模型，并对模型中涉及的主要变量和数据来源进行阐述。最后，通过描述性统计、相关性分析、回归分析和稳健性检验，实证检验制度环境在创新失败企业再创新投入与企业绩效关系间的调节效应。

一、问题的提出

根据上一章的研究发现，制度环境的优化可以显著地提高技术创新失败企业的再创新意向，促进企业的再创新行为。尤其是法律环境水平的提升，能够缓解失败企业对再创新行为的悲观看法，从而通过制度环境因素驱动技术创新失败企业的再创新行为。那么，当创新失败企业做出再创新决策，其失败再创新投入是否真正提高了企业绩效？而制度环境作为企业经营活动密切相关的外部环境因素，是否也在这一影响过程中起到了一定权变作用？本章将对上述问题进行深入的探讨。

大量研究表明，企业创新投入对生产效率、资产收益率和企业利润具有显著的正向影响[183]。技术创新投入水平的增加有利于企业自身创新效率和创新能力的提升，从而通过新产品或服务带来新的企业受益，提升整体的企业绩效。但正如前所述，"反失败"偏见的存在，使理论界和实务界忽视了创新失败问题，对于在先前技术创新失败的情况下，企业再创新投入与企业绩效之间关系是否依然能够利用现有理论进行解释，其内在的关系实质还需要实证检验进行揭示。

此外，制度环境对于企业绩效和投资收益的影响越来越受到学界

第五章 失败再创新与企业绩效：制度环境的调节效应

的关注，地区市场化发展水平的不同，以及法律环境的差异会导致不同地区的企业绩效存在显著不同[184]。而我国在经济结构转型的过程中，各地区的市场经济发展并不均衡，产权制度尚不完善，法律制度存在缺陷，执法效率也存在较大差异，这也就导致了我国不同地区之间在制度环境方面呈现出明显的差异性和多样性[185]。因此，也十分有必要揭示制度环境在创新失败企业再创新投入与企业绩效之间可能存在的权变作用。

二、理论分析与研究假设

（一）失败再创新与企业绩效的关系

企业的创新投入强度是衡量企业技术创新能力的重要指标之一[186]。现有研究对于企业创新投入与企业绩效之间关系的探讨形成了较为丰富的研究成果，但对于两者之间影响关系的具体表现，学术界的观点不尽相同。多数学者普遍认为技术创新投入的增加会促进企业绩效的提升，创新投入对企业绩效具有显著的正向影响。Wakelin[187]在对1988~1996年的英国企业数据的实证检验中发现，企业的创新投入强度对企业生产率呈现显著的正向影响。梁莱歆和张永榜[188]通过对我国高新技术企业的现状调查中发现，企业的 R&D 投入与主营业务利润率表现出较强的相关性，并且对企业盈利能力以及技术创新能力的提升作用明显。Rouvinen[189]利用 OECD 国家1973~1997年的相关数据，通过格兰杰检验发现企业的技术创新投入是企业生产率的格兰杰原因。鲁盛潭和方旻[190]的研究指出，高新技术企业的 R&D 投入与企业的经营业绩存在显著的正相关关系，R&D 支出越高越能够促进企业资产收益率的提升。Connolly 和 Hirschey[191]通过对1997~2001年的美国企业研究发现，企业的研发强度与其托宾 Q

· 119 ·

值呈现出显著的正相关关系。解维敏和唐清泉[192]同样在对中国上市公司的研究中发现，研发投入对以托宾 Q 值衡量的企业绩效存在显著的正向影响。Sharma[193]通过对 1994～2006 年的印度制药业企业的数据测算发现，企业的技术创新投入产出的弹性在 10%～13%，并且创新投入对全要素生产率的影响系数为 0.15。并且，技术创新投入对企业绩效的这种正向影响还存在一定的滞后效应。Falk[194]在对澳大利亚企业的跟踪研究中发现，企业的 R&D 投入对滞后期的销售增长的正向影响较为显著。而这种滞后性的影响在中国企业同样明显，赵月红和许敏[195]的研究进一步证实了研发投入对营业利润率存在滞后性的正向影响关系。与此同时，部分学者对于创新投入与企业绩效的关系也得出了负向影响或者是不相关的研究结论。例如，郭斌[196]对软件开发企业的实证研究中发现，研发投入强度越高，会在一定程度上降低企业的利润率和产出率，但研发人员比例对利润率和产出率则表现出显著的正向影响。陆玉梅和王春梅[197]在其研究中也发现，企业的研发投入强度与企业当期绩效之间存在负相关关系。而Lin 等[198]通过 258 家美国企业的专利与财务数据的实证分析中发现，企业的技术创新投入与企业绩效之间的关系并不显著。

　　基于既有研究关于创新投入与企业绩效间的关系探讨，本书进一步认为，由于失败再创新投入是在先前技术创新失败结果的基础上进行的后续创新投入。因此，失败再创新投入与企业绩效的关系有其自身特点，失败再创新投入很大程度上会影响企业的绩效和竞争优势。第一，先前的技术创新失败会使企业承受巨大的失败成本，但现有文献指出，创新失败并不是一无是处的，其失败结果中往往蕴含着"积极"资源，对这些失败资源的整合和吸收，能够对企业的后续创新活动起到事半功倍的效用[67]。通过失败再创新投入的增加，能够在一定程度上增强失败企业的资源整合和知识吸收能力，失败知识和失败经验的不断积累，能够促进企业在后续创新活动中提升自身的知识技术资本，企业的知识技术存量逐步增加，技术创新能力得到增

第五章 失败再创新与企业绩效：制度环境的调节效应

强。第二，失败知识和失败经验不断累积带来的技术创新优势，能够促进失败企业在后续创新过程中效率的稳步提高，降低企业再创新的失败概率，这也就在一定程度上为企业规模经济生产的形成提供了条件，规模经济所带来的生产过程高度集成化，使得企业绩效得到提升。根据上述分析，本书提出以下研究假设：

H5-1：创新失败企业再创新投入对企业绩效存在正向影响，失败再创新投入的增加会促进企业绩效的提升。

（二）制度环境的调节作用

针对创新投入对企业绩效的正向影响关系，现有研究进一步指出，上述影响关系成立的先决条件是需要有效的制度环境保护。也就是说，企业创新投入并不能够自然而然的促进企业绩效的提升，尤其是在不完善的监管机制和缺乏有效的法律制度情境下，企业的创新投入效率很可能大大降低或者创新成果被侵占，从而削弱了创新投入对企业价值和竞争优势的提升效果[199]。Jensen 和 Meckling[200]就在研究中指出，企业生产过程的决定因素不仅包括资本、劳动力、原材料、知识和技术状况，也受到外部环境的权利结构和契约安排影响，权利结构和合约规则则在一定程度上决定了企业在竞争环境中的成本与收益安排，这种企业利润的变化则会影响企业的决策行为，进而影响企业的绩效产出。因此，企业创新投入对企业绩效的影响不仅受到自身内部控制的安排，也依赖于外部的制度环境因素。可以预期，制度环境因素也可能在失败再创新投入对企业绩效的正向影响关系中存在权变影响。

改革开放 40 多年的发展造就我国经济发展的快速腾飞，但由于各地区在资源禀赋上的巨大差异，也使得我国各地区的经济发展水平存在着巨大的不平衡问题，这也导致了我国各地区在市场化程度方面有着明显的地区差异，制度环境存在巨大不同。根据本书对制度环境的内涵界定和测度方式，进一步从政府干预水平、金融发展水平和法

· 121 ·

律环境水平三个方面进行理论分析。

在政府干预方面，由于我国处于计划经济向市场经济转轨的过程中，政府对经济发展的干预不可避免，但政府对企业经营过程的过多干预，会在一定程度上影响竞争市场的公平、公正。减少政府干预有利于营造更为公平竞争的企业营商环境，能够帮助企业更为快速有效的建立起自身的竞争优势，从而会激发企业家的创新精神，尤其是在面对技术创新失败结果时，企业能够更好地对失败资源进行配置，失败再创新的积极性更高。可以预期，随着创新失败企业再创新积极性的提升，会带动再创新投入的进一步增加，政府干预程度的降低，在提高企业再创新成功率和效率的同时，也增加了企业的再创新产出。基于此，本书提出以下研究假设：

H5-2：政府干预水平在失败再创新投入对企业绩效的正向影响关系中起到了负向调节作用，即政府干预程度越低，失败再创新投入对企业绩效的促进作用越强。

在金融发展水平方面，融资约束是制约现阶段我国企业技术创新活动的问题之一。金融业市场化发展水平越高，越能够有效缓解企业在技术创新过程中的融资难题，尤其是对于中小企业而言，先前的技术创新失败所产生的巨大失败成本，使其难以进行再创新投入，而较高水平的金融业市场化程度，能够为创新失败企业提供更多融资方式和途径，大大降低了企业的融资难度，从而为再创新活动提供了更多的资金投入。失败再创新投入的增加则为企业绩效的提升提供了可能，基于此，本书提出以下研究假设：

H5-3：金融发展水平在失败再创新投入对企业绩效的正向影响关系中起到了正向调节作用，即金融业市场化程度越高，失败再创新投入对企业绩效的促进作用越强。

在法律环境水平方面，完善健全的法律制度体系对于企业的技术创新活动而言至关重要，它能够保障企业独享创新活动所产生的利润。正如 Arrow[201] 的研究指出，恰恰是企业技术创新收益的独占性成为企业技术创新活动的动力和研究投入的源泉。而完善的法律制度和健全法律监督体系，则是保护创新者的创新成果不被侵占和模仿的重要制度保障。尤其是对于技术创新失败企业而言，失败的技术创新项目的价值往往被人忽视，这进一步增大技术成果被侵占的风险。当在法律制度欠缺的情境下，企业对于保护自身知识产权的排他性的成本会大大提高。所以，当地区的法律环境水平越高，企业的知识产权越能够得到强有力的法律保护，企业能够法律保护其创新成果。基于此，本书提出以下研究假设：

H5－4：法律环境水平在失败再创新投入对企业绩效的正向影响关系中起到了正向调节作用，即地区法律环境越完善，失败再创新投入对企业绩效的促进作用越强。

综上所述，本章的研究假设理论框架如图5－1所示。

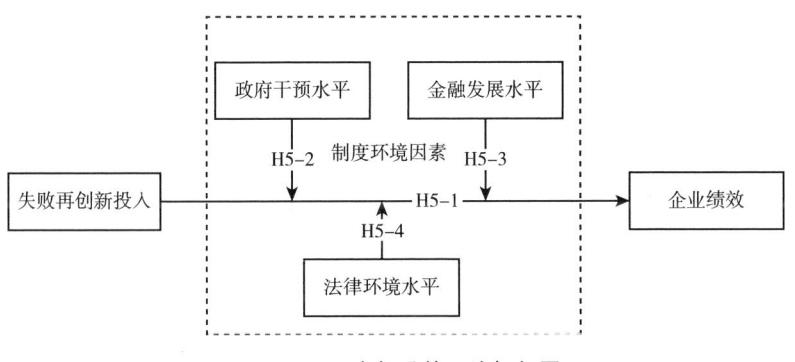

图5－1　研究假设的理论框架图

三、研究设计

（一）变量定义

1. 因变量：企业绩效

现有文献对企业绩效的测度主要采用了资产收益率、销售利润率和股权收益率三种代理变量进行衡量[202]。由于股权收益率受到企业自身权益和债务混合比重的影响，跨企业间的比较缺少信服力[203]。因此，本书遵循已有多数研究的处理方法，采用资产收益率（roa）、销售利润率（ros）作为企业绩效衡量的代理变量。其中，资产收益率（roa）用于研究假设检验的基本回归，销售利润率（ros）用于实证分析结果的稳健性检验。

2. 自变量：失败再创新投入（reinnov）

在先前技术创新失败结果的基础上，采用失败企业当年的研发支出与主营业务收入的比值来衡量失败再创新投入强度。

表 5 - 1 变量定义与说明

变量类型	变量名称	符号	定义
因变量	企业绩效	roa	资产收益率
		ros	销售利润率
自变量	失败再创新投入	reinnov	在技术创新失败的情况下，失败企业当年的研发支出与主营业务收入的比值。
调节变量	政府干预水平	gover	"政府与市场的关系"指数，数值越大，政府干预水平越低。
	金融发展水平	finance	"金融业的市场化"指数，数值越大，金融发展水平越高。
	法律环境水平	law	"市场中介组织发育和法律制度环境"指数，数值越大，法律环境水平越高。
控制变量	所有权性质	state	虚拟变量，$state = 1$ 为国有控股企业，$state = 0$ 为非国有控股企业。
	企业规模	size	总资产的自然对数，数值越大，企业规模越大。
	企业成长性	growth	主营收入增长率，（本年主营业务收入 – 本年年初主营业务收入）/本年年初主营业务收入。
	企业年龄	age	企业的成立时间
	财务杠杆	leverage	（净利润 + 所得税费用 + 财务费用）/（净利润 + 所得税费用）

3. 调节变量：制度环境

采用前文对制度环境的测度方法，以采用樊纲等人编制的"中国市场化指数"作为制度环境的代理变量。其中，进一步根据研究需要，选取市场化指数中的"政府与市场的关系"分项指数测度政府干预水平（gover），"金融业的市场化"指数测度金融发展水平（finance），"市场中介组织发育和法律制度环境"分项指数测度法律环境水平（law）。

4. 控制变量

延续前文的对于控制变量的处理，控制了以下变量：①企业所有权性质（state），将其设置为虚拟变量，当样本企业为国有控股企业时，$state=1$，否则 $state=0$。②企业规模（size），以样本企业总资产的自然对数进行衡量，数值越大表明企业规模越大。③企业成长性（growth），采用主营收入增长率指标进行衡量，在一定程度上反映了企业的投资能力。④企业年龄（age），采用企业成立时间与样本数据当年的差值进行测度。⑤财务杠杆（leverage），反映了企业的负债情况，而负债压力则会约束企业的技术创新投入。除此之外，还设置了 Year 的年份虚拟变量以控制固定效应。

根据上述分析，本章的所涉及的主要变量如表 5 - 1 所示。

（二）样本选择与数据处理

本章的实证分析所采用的样本数据依旧选择选择 2008～2014 年中国 A 股市场中的医药制造业上市企业，并且在第三章的研究基础上，将样本范围限定在于存在技术创新失败的医药制造企业，即当某一年度某一上市公司下属企业所生产的药品出现不良反应状况，$innovfail=1$ 的样本观测值，共计 288 个样本观察值，有关上市企业财务数据均来源于国泰安 CSMAR 数据库。而制度环境变量中，"政府与市场的关系"指数、"金融业的市场化"指数和"市场中介组织发育和法律制度环境"指数均来源于 2017 年最新出版，王小鲁、樊纲等人编著的《中国分省份市场化指数报告（2016）》。在上述数据的基础上，根据上市企业注册所在地进行了政府干预水平、金融发展水平和法律环境水平的样本数据匹配。

（三）模型设定

根据本章所提出的研究假设，分别构建以下回归模型对假设 H5 - 1、H5 - 2、H5 - 3 和 H5 - 4 进行检验。由于创新投入对企业绩效的影响存在明显的滞后性，因此在具体的计量过程中，用因变量 roa 的 $t+1$ 期数据与自变量的 t 期进行回归，从而有效减少内生性问题对实证结果的干扰。

$$roa_{i,t+1} = \beta_1 reinnov_{i,t} + \lambda \sum Control_{i,t} + \varepsilon_{i,t} \qquad (5-1)$$

$$roa_{i,t+1} = \beta_1 reinnov_{i,t} + \beta_2 gover_{i,t} + \beta_3 gover_{i,t} \times reinnov_{i,t} +$$
$$\beta_4 finance_{i,t} + \beta_5 finance_{i,t} \times reinnov_{i,t} + \beta_6 law_{i,t} +$$
$$\beta_7 law_{i,t} \times reinnov_{i,t} + \lambda \sum Control_{i,t} + \varepsilon_{i,t} \qquad (5-2)$$

式中，$roa_{i,t+1}$ 表示第 i 样本创新失败企业 $t+1$ 期的企业绩效，$reinnov_{i,t}$ 为第 i 样本创新失败企业 t 期的再创新投入，$gover_{i,t}$、$finance_{i,t}$、$law_{i,t}$ 分别表示政府干预水平、金融发展水平和法律环境水平。$\sum Control_{i,t}$ 是一个控制变量集合，包括了企业所有权性质（$state$）、企业规模（$size$）、企业年龄（age）、企业成长性（$growth$）和财务杠杆（$leverage$），ε 为随机扰动项。在模型（5 - 1）中，当回归系数 β_1 显著且为正时，表明再创新投入对技术创新企业绩效具有正向影响，因此假设 H5 - 1 能够得到验证。在模型（5 - 2）中，$gover_{i,t} \times reinnov_{i,t}$、$finance_{i,t} \times reinnov_{i,t}$、$law_{i,t} \times reinnov_{i,t}$ 为创新失败企业再创

第五章　失败再创新与企业绩效：制度环境的调节效应

新投入与政府干预水平、金融发展水平、法律环境水平的交互项，当其回归系数 β_3、β_5、β_7 显著为正，说明制度环境对创新失败企业再创新投入与企业绩效的关系存在正向调节作用。回归系数 β_3、β_5、β_7 显著为负，则存在负向调节效应。为降低交互效应模型中的多重共线性，回归分析过程中均对交互项作了中心化处理。

四、结果分析与讨论

（一）描述性统计分析

表 5 - 2 汇报了主要变量的描述性统计结果，可以看出，创新失败企业再创新投入强度（*reinnov*）的均值为 0.02，这与叶志强等人[204]采取 2003～2014 年上市公司数据测得的研发投入占主营收入比重的均值 3.1% 相比，结果略低但相差不大，也在一定程度上反映出了企业技术创新失败后再创新投入的特点，即受先前失败结果的影响，企业不仅需要承担失败成本，而且失败的惨痛经历也会影响再创新意愿和积极性。从而在一定程度上说明针对创新失败企业再创新投入强度（*reinnov*）的样本数据是可靠的。在企业绩效方面，资产收益率（*roa*）和销售收益率（*ros*）的均值分别为 0.09 和 0.15，且最小值均存在负数情况，表明企业绩效会随时间变化出现绩效不佳的情况，也符合现实的企业经营情况。所有权性质（*state*）的均值为 0.49，表明样本中的国有企业与非国有企业的数量大体相当。而企业年龄（*age*）、企业规模（*size*）、企业成长性（*growth*）和财务杠杆（*leverage*）的标准差均大于 0.5，说明样本数据在上述变量中存在较大的区别度。而政府干预水平（*gover*）、金融发展水平（*finance*）和法律环境水平（*law*）的标准差也均大于 1.0，表明不同地区间的制度环境存在较大差异。

·127·

制度环境视角下技术创新失败企业的再创新机理研究

表 5 - 2　　　　　　　　　变量的描述性统计分析结果

变量	样本数	均值	标准差	最小值	最大值
reinnov	288	0.02	0.03	0.00	0.15
roa	288	0.09	0.08	− 0.27	0.50
ros	288	0.15	0.21	− 0.79	2.15
gover	288	7.36	1.24	3.45	9.65
finance	288	5.69	2.12	2.05	12.23
law	288	6.85	3.97	0.52	16.19
state	288	0.49	0.50	0.00	1.00
age	288	14.76	4.54	2.00	29.00
size	288	21.72	0.96	19.10	24.29
growth	288	0.16	0.63	− 1.37	6.26
leverage	288	1.37	1.35	− 2.11	11.41

（二）相关性分析

主要变量间的相关性分析结果如表 5 - 3 所示，可以看出，企业绩效（*roa*）与失败再创新投入（*reinnov*）的 Pearson 相关系数为 0.095，且在 5% 的水平显著，说明失败再创新投入与企业绩效之间存在显著地正向相关关系，为验证假设 H5 - 1 提供了基础。企业绩效（*roa*）与政府干预水平（*gover*）、金融发展水平（*finance*）、法律环境水平（*law*）的相关系数并不显著，说明制度环境与企业绩效之间可能并无明显的直接关系，这也从侧面证明了将制度环境作为失败再创新投入与企业绩效关系的调节变量的正确性。企业绩效（*roa*）与控制变量均表现出显著地相关关系，也表明控制变量选择的合理性。此外，在制度环境的测度变量中，政府干预水平（*gover*）、金融发展水平（*finance*）、法律环境水平（*law*）之间的相关系数相对较大，主要是由于市场化指数测度指标中均涉及地区经济发展的指标数据，可能存在共线性问题的干扰。因此，在具体的分析过程中，分

· 128 ·

表 5 - 3　主要变量间的相关性分析

	1	2	3	4	5	6	7	8	9	10
1 reinnov	1									
2 roa	0.095**	1								
3 gover	0.110**	-0.025	1							
4 finance	0.216***	0.057	0.208***	1						
5 law	0.296***	-0.008	0.548***	0.593***	1					
6 state	-0.098**	-0.155***	0.067	0.137***	-0.068	1				
7 age	-0.085**	-0.153***	-0.136***	0.150***	0.033	0.079*	1			
8 size	0.012	0.152***	-0.021	0.257***	0.159***	0.168***	0.221***	1		
9 growth	0.002	0.085**	-0.018	0.011	-0.037	-0.055	-0.002	-0.018	1	
10 leverage	-0.018	-0.127***	-0.023	-0.043	-0.056	-0.006	0.073*	0.031	-0.015	1

注：*、**、***分别表示 10%、5%、1%的显著性水平。

制度环境视角下技术创新失败企业的再创新机理研究

别检验政府干预水平（gover）、金融发展水平（finance）、法律环境水平（law）可能存在的调节作用。

（三）回归分析

1. 基本回归

表 5 - 4 汇报了基本回归分析结果。模型（1）只加入了控制变量，模型（2）在模型（1）的基础上加入了自变量 reinnov，其回归系数为 0.558，在 1% 的水平上达到显著，并且在加入调节变量后依旧显著，说明再创新投入对创新失败企业绩效具有显著地正向影响，创新失败企业的再创新投入强度越大，越能够为创新失败企业带来更好的绩效回馈，假设 H5 - 1 得到了验证。

表 5 - 4　　　　　　　　　　基本回归分析结果

	模型（1）	模型（2）	模型（3）	模型（4）	模型（5）
reinnov		0.558 *** (0.172)	0.730 *** (0.192)	0.354 * (0.181)	0.612 *** (0.181)
gover			- 0.005 (0.004)		
reinnov × gover			- 0.294 * (0.157)		
finance				0.003 (0.002)	
reinnov × finance				0.235 *** (0.076)	
law					- 0.001 (0.001)
reinnov × law					- 0.016 (0.044)

· 130 ·

第五章　失败再创新与企业绩效：制度环境的调节效应

续表

	模型（1）	模型（2）	模型（3）	模型（4）	模型（5）
state	−0.039*** (0.009)	−0.037*** (0.009)	−0.037*** (0.009)	−0.037*** (0.009)	−0.038*** (0.009)
age	−0.005*** (0.001)	−0.005*** (0.001)	−0.005*** (0.001)	−0.004*** (0.001)	−0.005*** (0.001)
size	0.027*** (0.005)	0.027*** (0.005)	0.028*** (0.005)	0.027*** (0.005)	0.027*** (0.005)
growth	0.005 (0.007)	0.007 (0.007)	0.007 (0.007)	0.006 (0.007)	0.007 (0.007)
leverage	−0.008** (0.004)	−0.008** (0.003)	−0.008** (0.003)	−0.008** (0.003)	−0.009** (0.004)
Year	Control	Control	Control	Control	Control
_cons	−0.373*** (0.109)	−0.389*** (0.107)	−0.377*** (0.109)	−0.401*** (0.106)	−0.394*** (0.108)
N	261	261	261	261	261
F	6.899	7.466	6.679	7.308	6.398
R^2	0.216	0.248	0.260	0.278	0.252

注：*、**、***分别表示10%、5%、1%的显著性水平。

模型（3）模型（4）和模型（5）是在模型（2）的基础上依次加入政府干预水平（*gover*）、金融发展水平（*finance*）、法律环境水平（*law*），以及与自变量再创新投入（*reinnov*）的交互项，进一步检验制度环境在失败再创新投入与企业绩效关系间的调节效应。在模型（3）中，再创新投入与政府干预水平的交互项 *reinnov* × *gover* 的系数为 −0.294，在10%的水平下达到显著，表明政府干预水平对失败再创新投入与企业绩效的关系存在负向调节作用，分析结果支持了研究假设 H5−2。政府干预水平的提升会显著地抑制失败再创新投入强度对企业绩效的正向影响关系，这在一定程度反映出过度的政府干预会挤出创新失败企业自身再创新投入，失败企业可能会投入大量精力和物力来维持与政府的良好政企关系，获取政府的创新失败补偿或相关的补贴政策，导致其对先前失败经验的学习不足，失败资源配置不充分，降低了再创新过程的质量控制，从而影响了企业绩效的提高。在模型（4）中再创新投入与金融发展水平的交互项 $reinnov \times finance$ 在1%水平下达到显著，回归系数为0.235，表明金融发展水平在失败再创新投入与企业绩效的关系中起到了正向调节作用，假设 H5-3 得到了验证，说明随着金融发展水平的不断提升，失败再创新投入强度对企业绩效的正向影响会得到进一步增强。相关研究表明，外部融资困难是制约我国企业，尤其是中小企业技术创新的关键因素[171]，地区金融业的市场化程度越高，融资方式的多样性和市场化运作的信贷资金分配方式，使企业的外部融资更为容易，从而为企业的再创新活动提供充足的资金支持，失败企业再创新活动的顺利开展进一步提升了企业绩效。在模型（5）中，再创新投入与法律环境水平的交互项 $reinnov \times law$ 的系数为 -0.016，但并不显著，说明法律环境水平在失败再创新投入与企业绩效的关系中的调节作用并不明显，实证结果并未支持假设 H5-4。此外，对比交互项 $reinnov \times gover$ 和 $reinnov \times finance$ 的显著性水平可以发现，交互项 $reinnov \times finance$ 的显著性水平更高，也进一步说明金融发展水平对失败再创新投入与企业绩效关系的调节作用更加灵敏，也从侧面说明，针对现阶段我国企业的发展情况，金融业市场化程度的提高比加大政府干预程度，对失败再创新企业的绩效提升效果更加明显。此外，为了更加清晰、直观地展示政府干预水平（$gover$）和金融发展水平（$finance$）在失败再创新投入与企业绩效的关系中的调节作用，其交互效应如图5-2和图5-3所示。

从图5-2和图5-3可以看出，在政府干预程度较高的程度下，随着创新失败企业再创新投入的增加，企业绩效的增长幅度是大大落后于政府干预程度较低的情形。而在金融发展水平的调节作用影响下，低水平的金融业市场化程度对于创新失败企业再创新投入对企业绩效的提升效果非常有限（见图5-3），与之相比，在较高水平的金

第五章　失败再创新与企业绩效：制度环境的调节效应

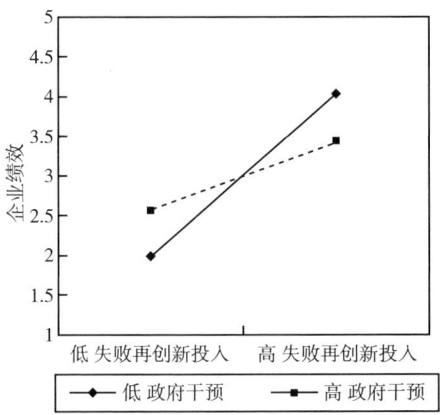

图 5 - 2　失败再创新投入与企业绩效：政府干预的调节效应

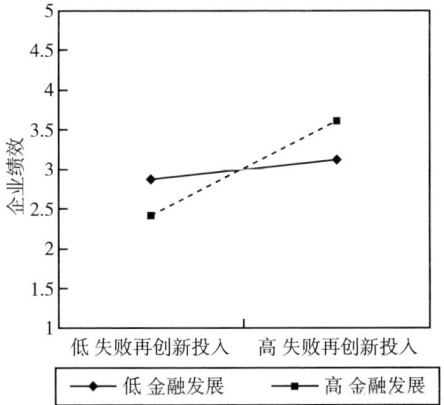

图 5 - 3　失败再创新投入与企业绩效：金融发展的调节效应

融业市场化程度影响下，随着失败再创新投入的增加，企业绩效的增长幅度也会大大提升。

在控制变量方面，所有权性质（state）的系数为负，且在 1% 的水平显著，说明非国有企业的技术创新失败后的企业绩效更好。企业年龄（age）的系数显著为负，而企业规模（size）的系数显著为正，财务杠杆（leverage）的系数显著为负，表明企业的年龄和负债压力越小，创新失败企业在进行再创新活动后的的企业绩效越大，这也从

· 133 ·

侧面进一步说明新创企业在遭受技术创新失败后，通过对失败经验的学习和失败资源的再配置，实施再创新活动对企业绩效的提升作用更加明显。并且，负债压力也是制约创新失败企业再创新活动的重要因素，企业的负债压力过大会降低再创新活动产生的企业绩效。而企业规模越大，创新失败企业在进行再创新活动后的的企业绩效也会越高，可能的原因在于，企业规模较大往往预示着资源的控制能力更强，技术创新失败的资源损失对其影响相对较小，因而能够在后续创新活动中继续投入充足资源，保证再创新活动的顺利实施，进一步促进了企业绩效的显著提升。

2. 区域差异检验

由于地区经济发展水平的不均衡，导致了地区间的制度环境存在显著差异。因此，在基本回归分析的基础上，按照通行的对我国地域区域的划分标准，将我国划分为东部、中部和西部三个区域，具体而言，东部地区包括：北京、天津、河北、辽宁、上海、江苏、浙江、福建、山东、广东、海南；中部地区包括：黑龙江、吉林、山西、安徽、江西、河南、湖北、湖南；西部地区包括：四川、重庆、贵州、云南、西藏、陕西、甘肃、青海、宁夏、新疆、广西、内蒙古。通过上述地理区域归类样本，进一步分析失败再创新投入对企业绩效的正向影响，以及制度环境的调节效应中可能存在区域异质性。

表 5 - 5 汇报了分区域的样本回归结果，从结果中可以看出：(1) 在东部地区，创新失败企业的再创新投入（reinnov）依然对企业绩效呈现显著地的正向影响（$\beta = 0.528$，$p < 0.01$）。并且，政府干预水平（gover）对再创新投入与企业绩效关系的负向调节作用（$\beta = -0.423$，$p < 0.05$），以及金融发展水平（finance）对再创新投入与企业绩效关系的正向调节效应（$\beta = 0.280$，$p < 0.01$）也依然存在。此外，与全样本的回归结果相比，政府干预水平（gover）的调节作用进一步增强，交互项 reinnov × gover 的系数由 - 0.294 变为 - 0.423，

表 5-5 分区域的样本回归结果

	东部	东部	东部	东部	中部	中部	中部	中部	西部	西部	西部	西部
reinnov	0.528*** (0.190)	0.803*** (0.225)	0.204 (0.206)	0.521** (0.211)	1.928*** (0.529)	2.051*** (0.614)	2.393** (1.029)	1.490 (3.082)	−0.204 (2.007)	1.076 (3.200)	−0.285 (2.550)	−0.819 (4.414)
gover		0.001* (0.007)				0.025* (0.014)				0.011 (0.033)		
reinnov×gover		−0.423** (0.186)				0.205 (0.605)				0.671 (1.244)		
finance			0.005* (0.003)				−0.009 (0.017)				−0.032 (0.019)	
reinnov×finance			0.280*** (0.082)				0.291 (0.752)				−0.146 (1.063)	
law				−0.000 (0.002)				0.005 (0.016)				−0.041 (0.026)
reinnov×law				0.004 (0.052)				−0.126 (0.766)				−0.183 (1.134)
state	−0.025** (0.011)	−0.025** (0.011)	−0.025** (0.011)	−0.025** (0.012)	−0.039** (0.019)	−0.026 (0.020)	−0.036* (0.019)	−0.039** (0.019)	−0.079** (0.037)	−0.073* (0.040)	−0.057 (0.039)	0.001 (0.036)

续表

	东部	东部	东部	东部	中部	中部	中部	中部	西部	西部	西部	西部
age	-0.004*** (0.001)	-0.004*** (0.001)	-0.003*** (0.001)	-0.004*** (0.001)	-0.006** (0.003)	-0.008** (0.003)	-0.006* (0.004)	-0.006* (0.003)	-0.004 (0.004)	-0.004 (0.007)	0.001 (0.005)	0.004 (0.004)
size	0.022*** (0.006)	0.024*** (0.006)	0.021*** (0.006)	0.022*** (0.006)	0.024** (0.012)	0.025** (0.012)	0.026** (0.012)	0.024* (0.012)	0.027 (0.025)	0.024 (0.028)	0.013 (0.025)	-0.004 (0.021)
growth	0.000 (0.008)	-0.000 (0.008)	-0.000 (0.008)	0.000 (0.009)	0.034* (0.018)	0.034* (0.018)	0.033* (0.018)	0.035* (0.018)	0.004 (0.019)	0.007 (0.020)	0.005 (0.018)	-0.011 (0.015)
leverage	-0.006* (0.004)	-0.006 (0.004)	-0.006* (0.003)	-0.006* (0.004)	-0.057** (0.023)	-0.067*** (0.023)	-0.055** (0.025)	-0.061** (0.024)	-0.013 (0.017)	-0.013 (0.018)	-0.020 (0.017)	-0.013 (0.013)
Year	Control	Control	Control	Control	Control	Control	Control	Control	Control	Control	Control	Control
_cons	-0.315** (0.132)	-0.376** (0.156)	-0.325** (0.127)	-0.312** (0.139)	-0.246 (0.246)	-0.443* (0.262)	-0.279 (0.274)	-0.251 (0.271)	-0.389 (0.504)	-0.406 (0.568)	-0.016 (0.516)	-0.289 (0.457)
N	167	167	167	167	61	61	61	61	33	33	33	33
F	3.856	3.728	4.739	3.221	6.146	5.704	5.089	5.062	1.205	0.960	1.444	2.969
R^2	0.215	0.241	0.287	0.215	0.580	0.612	0.585	0.583	0.387	0.396	0.497	0.670

注：*、**、***分别表示10%、5%、1%的显著性水平。

交互项 $reinnov \times finance$ 的系数由 0.235 增大到 0.280，说明由于东部地区的金融业市场化程度更高，其对再创新投入与企业绩效关系的提升作用更加明显，而且经济发展水平的相对较高，也使得整体的市场环境更优，不当或过度的政府干预，反而破坏正常的企业经营，因此，政府干预程度越高，其对再创新投入与企业绩效关系的抑制作用会更加明显。（2）在中部地区，创新失败企业的再创新投入（$reinnov$）对企业绩效的正向影响也依然显著（$\beta = 1.928$，$p < 0.01$），但在此种情境下，政府干预水平（$gover$）和金融发展水平（$finance$）对再创新投入与企业绩效关系的调节作用则不再显著。上述结果表明，相对于制度环境更优的东部地区，以制度环境为主的外部因素，对创新失败再创新投入与企业绩效关系的影响并不明显，创新失败企业绩效提升更多来源于自身的再创新投入，再创新活动的开展需要自身投入大量的自有资源，这也从侧面说明中部地区相对于东部地区，在制度环境的建设方面还存在进一步的提升空间。（3）在西部地区，分样本的回归结果均没有支持研究假设，其可能的原因在于，由于地区经济发展水平相对落后，生产资源的有限限制了创新失败企业的再创新投入，使其难以开展有效的再创新活动，而且不完善的制度环境也难以给予创新失败企业充足的外部支持。

3. 所有权异质性

为进一步检验所有权性质在失败再创新投入对企业绩效的正向影响，以及制度环境的调节效应中可能存在的异质性，将总样本划分为国有企业和非国有企业两个部分，回归分析结果如表 5-6 所示。

表 5-6　　　　所有权性质的分样本回归分析结果

	国有	国有	国有	国有	非国有	非国有	非国有	非国有
$reinnov$	0.742***	0.856***	0.475**	0.777***	0.324	0.537	0.277	0.500
	(0.207)	(0.228)	(0.218)	(0.211)	(0.301)	(0.346)	(0.320)	(0.364)
$gover$		-0.002				-0.009		
		(0.007)				(0.006)		

制度环境视角下技术创新失败企业的再创新机理研究

续表

	国有	国有	国有	国有	非国有	非国有	非国有	非国有
reinnov × *gover*		−0.376 (0.259)				−0.118 (0.224)		
finance			0.005* (0.003)				−0.003 (0.005)	
reinnov × *finance*			0.296*** (0.100)				0.219* (0.121)	
law				0.001 (0.002)				−0.003 (0.002)
reinnov × *law*				0.075 (0.076)				0.014 (0.066)
age	−0.006*** (0.002)	−0.006*** (0.002)	−0.005** (0.002)	−0.006** (0.002)	−0.004*** (0.001)	−0.004** (0.002)	−0.004*** (0.001)	−0.004** (0.002)
size	0.021*** (0.007)	0.022*** (0.007)	0.021*** (0.007)	0.020*** (0.007)	0.033*** (0.008)	0.035*** (0.008)	0.034*** (0.008)	0.033*** (0.008)
growth	0.011 (0.009)	0.010 (0.009)	0.010 (0.008)	0.011 (0.009)	0.002 (0.011)	0.003 (0.011)	0.002 (0.011)	0.001 (0.011)
leverage	−0.009** (0.005)	−0.009** (0.005)	−0.010** (0.004)	−0.010** (0.005)	−0.007 (0.005)	−0.006 (0.005)	−0.006 (0.005)	−0.007 (0.005)
Year	Control	Control	Control	Control	Control	Control	Control	Control
_cons	−0.291* (0.150)	−0.300* (0.165)	−0.336** (0.146)	−0.291* (0.150)	−0.521*** (0.161)	−0.498*** (0.161)	−0.524*** (0.161)	−0.512*** (0.161)
N	129	129	129	129	132	132	132	132
F	3.946	3.507	4.347	3.339	3.911	3.497	3.571	3.473
R^2	0.251	0.266	0.310	0.257	0.244	0.261	0.265	0.259

注：*、**、***分别表示10%、5%、1%的显著性水平。

从表5−6可以看出，在国有企业中，失败再创新投入（*reinnov*）对企业绩效呈现出显著的正向影响（$\beta = 0.742$，$p < 0.01$），而在非国有企业中，虽然影响效应依然为正，但并不显著。这一研究发现也

第五章　失败再创新与企业绩效：制度环境的调节效应

符合现阶段我国企业所有制性质的现实特点，一般而言，国有企业相比非国有企业在企业规模、资源获取能力等方面更具优势，这在医药制造业企业中更加明显，当在技术创新失败后，国有企业的再创新投入很大程度上会影响后续的企业绩效，主要表现在两个方面：首先，与非国有企业相比，国有企业由于自身的规模优势更容易形成规模经济，失败再创新投入的增加，会根据先前失败经验，针对自身存在的不足，升级生产设备，雇用更多的研发人员，弥补生产工艺或产品服务水平的缺陷，从而逐步形成规模经济，提高了企业的再创新速度，使失败再创新企业绩效得以提升。其次，由于国有企业在研发人员规模和质量方面相对非国有企业更强，再创新投入的增加会进一步增强知识技术资本的积累，尤其是对失败知识的吸收能力更强，从而更有利于提高再创新投入向创新绩效的转化效率，增强企业绩效。

进一步地，所有权性质的分样本回归结果显示，制度环境中的政府干预水平（gover）、金融发展水平（finance）和法律环境水平（law）在非国有企业的再创新投入与企业绩效关系中的调节作用并不显著，而在国有企业中，仅有交互项 $reinnov \times finance$ 的系数（$\beta = 0.296$）在 1% 的水平下显著，表明金融发展水平的提升会增强失败再创新投入对企业绩效的正向影响。出现这种现象的可能原因在于，国有企业与政府之间往往维持着较好的政企关系，在企业运营过程中相较非国有企业能够获得更多的研发补贴、税收优惠等政府补偿。因此，当出现创新失败后，政府干预对失败再创新活动的刺激敏感性会大大降低，这也进一步验证了第四章的研究发现，即政府干预对创新失败企业的再创新决策的驱动效应并不明显。与之相反，金融业市场化程度的不断提高，会为技术创新企业提供更加灵活和更加有效的融资方式，市场化的外部资金支持降低了企业再创新的融资难度，再创新投入的增加也就促进了企业绩效的提升。

此外，上述分析结果进一步表明，营造宽容失败的创新环境应更多关注非国有企业，与国有企业相比，由于资源储备与资源获取能力

· 139 ·

制度环境视角下技术创新失败企业的再创新机理研究

的相对有限，技术创新失败对非国有企业的冲击往往更大，导致其再创新投入强度的不足，从而影响了再创新活动对企业绩效的提升，即失败再创新投入（reinnov）对企业绩效的正向影响并不显著，这也进一步导致了制度环境的难以发挥所存在的调节效应。

（四）稳健性检验

为验证回归估计结果的稳健性，本章进一步进行了如下检验：

（1）改变了因变量企业绩效的测度方法。在上述的研究假设检验的回归分析过程中，企业绩效的代理变量采用资产收益率（roa）进行衡量。借鉴钟熙的处理方法[202]，以销售利润率（ros）以作为企业绩效的代理变量对实证过程进行了重新检验，检验结果如表5−7所示。

表5−7　　　　改变因变量测度方法的稳健性检验结果

	模型 1	模型 2	模型 3	模型 4	模型 5
reinnov		1.853 *** (0.402)	2.533 *** (0.442)	1.137 *** (0.413)	2.035 *** (0.421)
gover			− 0.020 ** (0.009)		
reinnov × gover			− 1.105 *** (0.361)		
finance				0.009 (0.006)	
reinnov × finance				0.818 *** (0.174)	
law					− 0.005 * (0.003)
reinnov × law					− 0.040 (0.102)

· 140 ·

第五章　失败再创新与企业绩效：制度环境的调节效应

续表

	模型 1	模型 2	模型 3	模型 4	模型 5
state	− 0.092 ***	− 0.085 ***	− 0.084 ***	− 0.083 ***	− 0.088 ***
	(0.022)	(0.021)	(0.021)	(0.021)	(0.021)
age	− 0.010 ***	− 0.007 ***	− 0.008 ***	− 0.007 ***	− 0.008 ***
	(0.003)	(0.003)	(0.003)	(0.003)	(0.003)
size	0.048 ***	0.048 ***	0.052 ***	0.047 ***	0.050 ***
	(0.013)	(0.012)	(0.012)	(0.012)	(0.012)
growth	0.026	0.033 **	0.033 **	0.030 *	0.032 **
	(0.017)	(0.016)	(0.016)	(0.016)	(0.016)
leverage	− 0.018 **	− 0.017 **	− 0.018 **	− 0.017 **	− 0.019 **
	(0.008)	(0.008)	(0.008)	(0.008)	(0.008)
Year	Control	Control	Control	Control	Control
_cons	− 0.653 **	− 0.707 ***	− 0.642 **	− 0.747 ***	− 0.721 ***
	(0.260)	(0.251)	(0.252)	(0.242)	(0.251)
N	261	261	261	261	261
F	5.411	7.244	7.261	8.507	6.386
R^2	0.178	0.242	0.276	0.309	0.252

注：*、**、***分别表示10%、5%、1%的显著性水平。

表 5 - 7 的结果显示，失败再创新投入（*reinnov*）对企业绩效的影响依然显著为正（$\beta = 1.853$，$p < 0.01$）。政府干预水平对再创新投入与企业绩效的关系依然存在显著的负向调节作用，其交互项 *reinnov × gover* 的系数为 − 1.105，在 1% 的水平下达到显著。金融发展水平对再创新投入与企业绩效的关系依然存在显著的正向调节作用，其交互项 *reinnov × finance* 的系数为 0.818，在 1% 的水平下达到显著。上述分析结果与基本回归的结果一致，表明研究结果是稳健的。

（2）为解决分析过程中可能存在的反向因果内生性问题，在加入多个控制变量来控制企业异质性影响的同时，对因变量企业绩效进行了滞后一期的处理，其原因在于，创新失败企业当期的企业绩效一般不会影响到前一期失败再创新投入，从而在一定程度上降低内生性

制度环境视角下技术创新失败企业的再创新机理研究

问题，避免内生性偏误对回归结果的干扰。

（3）进行了区域异质性和所有权异质性的分样本检验。表5－5的结果显示，东部地区的分样本检验结果和基本回归的结果一致，而从表5－6也可以看出，国有企业的分样本检验结果也大体上与基本回归的结果一致，虽然交互项 $reinnov \times gover$ 的系数并不显著，但其符号依然为负，表明研究结果依旧稳健。

制度环境视角下技术
创新失败企业的
再创新机理研究
Chapter 6

第六章 制度环境视角下企业
再创新支持系统动态
模型与干预对策

在探讨了制度环境对企业技术创新失败影响，以及对创新失败企业再创新行为的博弈关系和调节效应的基础上，本章将进一步分析如何从制度环境视角构建对技术创新失败企业的再创新支持系统以及设计相关的干预对策。首先，对技术创新失败企业再创新支持系统动态模型的系统边界进行界定。其次，通过系统动力学的建模工具建立技术创新失败企业再创新支持系统动态模型，分析模型的因果关系和系统流图。再次，利用 Vensim 软件对技术创新失败企业再创新支持系的运行效果进行模拟仿真。最后，根据仿真分析结果，提出相应的对策建议。

一、问题的提出

理论研究和实践探索均表明，制度环境是影响企业技术创新活动的重要因素，良好的制度环境能够有效匹配企业的技术创新行为，为企业带来巨大的创新收益。前述章节的研究也进一步发现，制度环境的优劣也会影响企业技术创新的成败，并且对创新失败企业的再创新行为产生影响。那么，针对企业技术创新失败现象，就需要构建相应的制度环境对技术创新失败企业予以支持。

技术创新本身是知识、经济与社会等多种因素交互作用的过程。在这个复杂系统中，创新主体和创新要素能力的发挥只有在一定的创新支持环境、条件和要素中才能有效地培育和展现出其创新活力。在企业的技术创新过程中，需要企业管理与制度、创新资源、知识存量等必要的资源要素来保障企业技术创新过程的顺利运行。但由于企业自身的资源禀赋缺陷，企业技术创新活动也离不开外部环境的支持，而制度环境恰恰是技术创新外部环境中重要的组成部分。一方面，制度环境能够为企业技术创新活动提供所需的创新资源要素，充足的资源保障能够持续推进创新活动开展，降低企业技术创新的失败概率，

第六章　制度环境视角下企业再创新支持系统动态模型与干预对策

一定程度上避免企业技术创新系统的水落。另一方面，对于创新失败企业，制度环境的支持也能够为其带来再创新的内在动力，并且制度环境也与企业再创新绩效密切相关，技术创新失败企业的再创新行为和创新能力的进一步提升需要制度环境的外部支持。

上述分析可以看出，技术创新失败企业的制度环境支持是一个复杂的动力过程。根据系统论的理论观点，对于这一复杂问题的分析需要借助系统的方法理论对其进行深入分析探讨，掌握其变化发展规律。因此，基于系统论的核心思想，从系统构成要素耦合的视角，将制度环境对技术创新失败企业的支持作用过程视为一个复杂系统，即技术创新失败企业再创新支持系统。

二、系统结构分析

根据前述章节的研究结果，以及借鉴既有文献的研究结论，技术创新失败企业再创新支持系统是一个多层次、多维度的动态结构体系。对于该体系的系统整体以及系统内部的逻辑关系分析，需要首先理清技术创新失败企业再创新支持系统的组成要素以及各要素之间的相互关系。

从制度环境的视角来看，技术创新失败企业再创新支持系统的构成要素主要包括了以下几个部分：对创新失败企业再创新活动提供政策支持的政府部门，再创新活动的实施主体——创新失败企业，为创新失败企业再创新活动提供金融支持、技术成果推广转换、商业平台等服务的中介机构，为创新失败企业再创新活动提供创新人才支持和协同创新的高校和科研院所。

技术创新失败企业再创新支持系统结构如图 6 - 1 所示。

1. 创新失败企业

企业是进行自主创新和实施科技成果转化的经济组织，通过创新

·145·

制度环境视角下技术创新失败企业的再创新机理研究

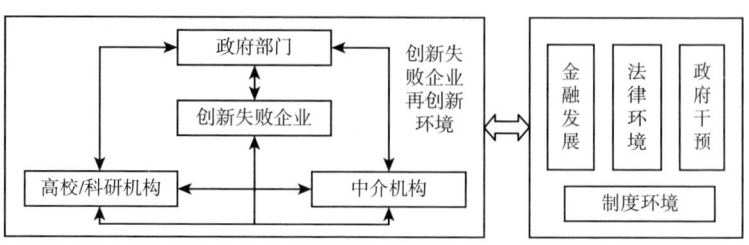

图 6-1　制度环境视角下技术创新失败企业再创新支持系统结构

产品或服务的提供来获取利润，是技术创新活动的主要载体，也是区域创新系统中的中坚力量。与一般的技术创新企业不同，技术创新失败企业是在承受先前失败结果的基础上继续创新的过程，从前文对技术创新失败企业的特征分析可以看出，先前的技术创新失败经历不仅对企业造成了极大的物质损失，也会伤害企业的创新信心，制约其再创新行为，而企业自身资源的有限性也限制了再创新活动的实施。因此，需要建立技术创新失败企业再创新支持系统，从制度环境的视角对创新失败企业的再创新行为给予支持。

促进技术创新失败企业的再创新行为是再创新支持系统的核心内容，一是企业是技术创新活动的主体，虽然先前的失败经历会影响企业的再创新意愿，但为了通过新产品和服务获得市场竞争优势，创新失败企业也会结合自身的资源储备，尽最大可能地进行研发投入，开展自主创新活动，增强企业自身的创新能力，从而获得创新收益。二是企业也是技术创新投入的主体，而技术资源支持不足也是技术创新失败的主要原因。因此，制度环境对创新失败企业的支持，关键就在于促进创新失败企业的创新投入，政府部门利用政策引导，对高校、科研院校，及中介服务机构等主体进行活动协调，从外部环境给予创新失败企业的资源支持，进一步提升创新失败企业的自主创新能力和失败承受能力，提高整个创新系统中企业的创新产出效率以及再创新意愿。三是接收高校、科研院所培养和外埠引进的高层次人才。企业自主创新能力提升的重要方面之一在于形成一支高水平的技术创新人才队伍，研发人员的质量水平是影响技术创新能力的关键所在。由于

· 146 ·

第六章 制度环境视角下企业再创新支持系统动态模型与干预对策

先前失败经历，一方面可能影响现有企业技术创新团队的稳定性，出现离职等现象。另一方面，失败经历也会影响企业的外在声誉，削弱了对外部人才的吸引力。而高校、科研院所具备的人才智力优势能够有效弥补上述现象所导致创新失败企业人力资源能力不足的问题，创新失败企业对人才的引进能够有效缓解自身技术创新能力不足，而高校、科研院所培养和政府部门利用人才政策引进的人才恰是企业研发人员构成的主要来源。

2. 政府部门

根据 North 的制度理论[38]，政府是制度环境优化的主体。因此，从制度环境的视角来看，政府部门在技术创新失败企业再创新支持系统中发挥着至关重要的作用。具体而言，政府部门是指为技术创新失败企业提供政策支持，以及直接从事科技创新活动的中央或省级行政部门，通过政策引导、行政干预等手段来促进创新失败企业的再创新行为，其作用主要表现在以下几个方面：首先，为创新失败企业的再创新活动提供支持，政府部门能够利用政策工具来引导企业提高自身的自主创新能力，为企业的技术创新能力发挥提供空间，有力支持创新失败企业的再创新活动，促进企业再创新效率的进一步提升。其次，保护创新失败企业的再创新行为。由于技术创新的高风险性，以及先前创新失败所造成的成本损失，会进一步加剧创新失败企业的再创新不确定性，并且创新失败的客观存在也制约着创新失败企业的后续创新行为。为促进创新失败企业的创新行为，政府部门通过一系列的政策设计与实施，一方面努力为创新失败企业营造良好的创新环境，另一方面为创新失败企业的再创新活动提供有力的外部资源支持，从而降低创新失败企业在再创新实施过程中的风险，有效提升企业的创新产出，提高企业的市场收益，带动整体社会福利的增长。最后，激励创新失败企业的再创新意愿与积极性。创新失败的结果不仅会给企业带来巨大失败成本，也会导致负性情绪，抑制企业再创新意愿。

此外，政府部门不仅通过政策工具直接引导创新失败企业的再创新行为，并且通过高校、科研院所和中介服务机构进一步强化企业的再创新活动。一方面，从第三章的分析结果可以看出，制度环境因素影响企业技术创新失败外，企业自身的技术能力缺陷是导致创新失败的关键原因，而高校、科研院所所具备的智力资源，能够有效地弥补创新失败企业的技术能力不足。在政府部门的支持和引导下，高校、科研院所和创新失败企业之间能够依托政产学研合作、协同创新等形式开展技术创新活动，利用高校、科研院所的优势人才资源进一步提高创新失败企业的技术实力，解决技术因素引起的创新失败问题。另一方面，理论分析和实践探讨均表明，技术创新失败的表现形式多样化，不仅包括技术因素导致的研发失败，还包括了科技成果转化失败，技术成果与市场环境的不匹配也是引起创新失败的原因之一，而这恰恰体现出科技市场中中介服务能力的不足。因此，政府部门基于政策扶持和理念引导，加强科技市场中的中介服务机构的能力，从而弥补科技成果转化机制存在的短板，不仅降低企业技术创新失败的可能，也进一步提升创新失败企业再创新的成功概率。

综上所述，政府通过政策激励，创新环境氛围优化为创新失败企业的再创新活动提供驱动力。

3. 高校科研院所和中介服务机构

在技术创新失败企业再创新支持系统中，高校、科研院所是实现技术创新活动的坚实基础，是从事技术开发、知识传播和创新人才培养工作的主体，能够为创新失败企业的再创新行为提供人才、技术等有效的外部支持，创新失败企业对高校、科研院所的依赖程度越高，两者之间的协同创新效率也会得到显著增强。中介服务机构则为创新失败企业再创新过程中的各个环节提供支撑，包括了金融机构、法律服务组织及其一系列与企业技术创新行为相关的组织机构。

第六章　制度环境视角下企业再创新支持系统动态模型与干预对策

高校科研院所和中介服务机构是技术创新失败企业再创新支持系统的重要组成部分，并且在创新失败企业与政府部门的关系之间起到了一定的桥梁作用。主要表现在以下几个方面：一是政府部门通过教育与人才政策的实施，来推动高校、科研院所的创新人才培养质量的提高，进而为创新失败企业提供充足的智力支持，弥补企业自身技术创新能力的不足。二是政府部门优化技术创新的中介服务体系，通过增加科技中介机构数量，提升科技服务质量，能够进一步减少企业技术研发与科技成果商业化过程中的信息不对称现象，降低因商业转化不成功导致的技术创新失败概率。三是政府部门通过金融政策的设计实施，优化创新环境中金融业体系，提升金融业的市场化程度，为创新失败企业的再创新活动提供外部融资支持。四是政府部门通过法律环境的建设，进一步优化创新环境中的知识产权保护水平，有效遏制技术创新过程中科技成果产权被侵犯现象的发生，规范技术创新活动，从而为创新失败企业营造公平、公正的创新环境。五是政府部门还需要为创新失败企业的再创新活动提供必要的公共服务支持，如土地、电力、医疗服务等公共服务的供应。

三、系统动力学模型

（一）系统动力学的建模工具与步骤

Forrester 教授所提出的系统动力学（System Dynamics，SD）分析方法，能够有效地分析和研究复杂系统问题。具体而言，系统动力学是以社会、经济和生态等复杂系统为研究对象，利用用数学模型描述系统内部的结构、关系和规律，进一步揭示系统内部要素之间的因果关系和反馈环路，并利用与系统有关系的历史数据，借助计算机模拟技术对系统内部结构和行为的动态演化进行仿真预测[205]。

· 149 ·

制度环境视角下技术创新失败企业的再创新机理研究

由于系统动力学方法是定性研究和定量分析的有机统一，以定性分析为先导，以定量分析为支持，从复杂系统的内部机制和要素关系的梳理来分析系统变化的因果关系[206]。因而，系统动力学适用于多重反馈、高阶次、非线性、复杂时变系统的研究，并广泛应用于社会科学的研究领域[207]。

从本质上来看，系统动力学方法是基于系统理论和思维的计算模型方法。在系统动力学中，通过系统思维和原理的应用，将系统结构中所涉及的不同状态和功能的要素划分为"状态变量（Level）"、"速率变量（Flow）"和"辅助变量（Auxiliary）"等，并根据各个要素之间的关系进一步刻画系统结构内部所包括的反馈环路，以及反馈环之间的关联方式。具体来说，在一个系统问题的分析过程中，如果存在一个包括 n 个不同要素组成的闭环因果关系序列：$v_1(t) \rightarrow v_2(t) \rightarrow v_3(t) \rightarrow \cdots \rightarrow v_{n-1}(t) \rightarrow v_n(t) \rightarrow v_1(t)$，则称之为系统中的反馈环，并且当在给定的时间区间内的任意时刻 $v_i(t)$ 相对增加，经过一个完整的反馈环路演化后，$v_i(t)$ 再一次相对增加，则称此种反馈环为正反馈环。如果 $v_i(t)$ 再一次相对减少，则称此种反馈环为负反馈环。

上述分析可以看出，系统动力学方法存在以下特点[207]：

（1）系统动力学方法是以开放的系统为研究对象，能够解决且广泛应用于分析缺少数据信息的复杂系统问题。通过对系统模型的灵敏度分析和反复调试，能够保证复杂系统的稳健性和合理性。

（2）系统动力学方法是将定性分析与定量分析相结合。在具体的分析过程中，系统动力学方法是借助计算机模拟技术针对复杂系统问题构建动态仿真模型，该模型包括了结构模型（系统流图）和数学模型（DYNAMO 方程）两部分组成。在此基础上，结合经验证据对模型进行仿真试验和有效性检验，利用检验通过的动态模型为系统问题的解决提供科学的决策建议。

（3）在系统动力学的分析过程中，由于对象系统的动态性和复杂性的特点，复杂系统被划分为多个相互关联和影响的子系统，对各个子系统之间可能存在的动态因果关系进行仿真分析，探讨系统之中所蕴含的复杂联动关系，有效解决巨系统问题。

（4）系统动力学方法利用构建的动态仿真模型可对复杂系统问题的未来发展趋势进行预测。需要注意的是，系统动力学对于未来的预测并非针对系统问题发展的具体情况，而是根据各个子系统之间的演化过程，提供了针对系统未来演进的发展策略。

在系统动力学方法的建模步骤上，系统模型的构建主要包括以下几个方面：第一，根据所要解决研究问题的具体特点，设计对象系统，并对系统边界进行界定；第二，参照现实问题，定性分析系统所涉及的关键变量以及包括的各个子系统，厘清各个子系统之间的复杂关系，基于系统建立变量的因果关系图。第三，根据实际情况和变量间的因果关系，进行变量参数的设定和数学模型的建立。第四，实行计算机仿真，运用系统动力学分析软件（如 Vensim）实现系统演化过程及结果的模拟，通过参数的调节考察系统的变化。具体流程如图 6 - 2 所示。

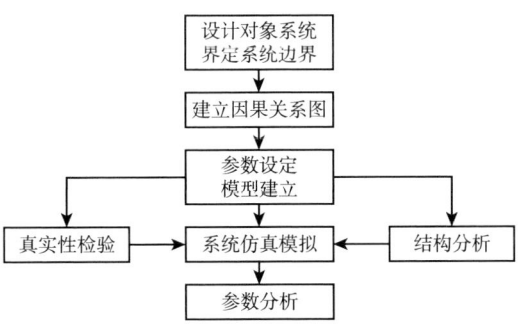

图 6 - 2　系统动力学建模步骤

（二）模型因果关系

通过系统动力学模型的构建，其目的在于找出制度环境是如何造

· 151 ·

制度环境视角下技术创新失败企业的再创新机理研究

成企业的技术创新失败，以及在创新失败之后制度环境又是如何影响企业再创新活动。根据第3～5章的研究结论，以及6.2章节对技术失败企业再创新支持系统的整体结构和各主体部分之间行为关系的分析，建立了技术创新失败企业再创新支持系统的因果关系模型，如图6－3所示。

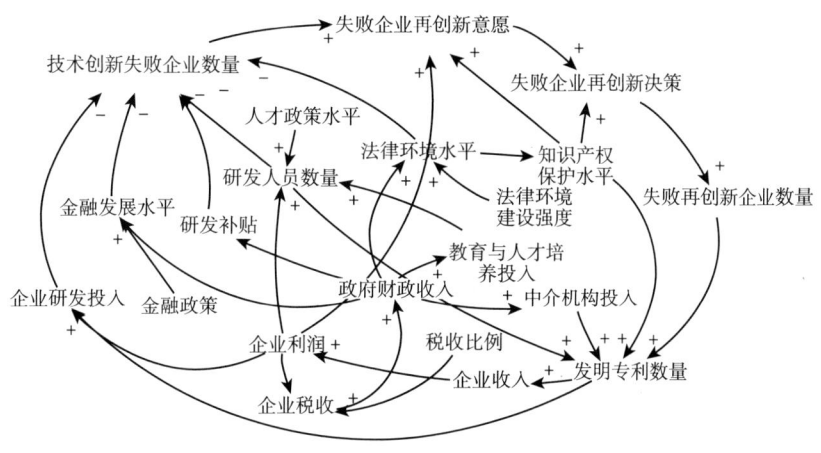

图6－3　技术创新失败企业再创新支持系统的因果关系图

此外，系统模型的构建遵循了以下假设条件：

（1）技术创新失败企业再创新支持系统的运行是一个连续、渐进的动态行为过程。

（2）在模型系统的构建过程中，不考虑重大政策变化、社会变革，以及其他非正常情况所导致的整体系统崩溃。

根据图6－3的因果关系结果显示，技术创新失败企业再创新支持系统的主要反馈回路包括：

（1）政府财政收入→人才培养与教育投入→研发人员数量→技术创新失败企业数量→失败企业再创新意愿→失败企业再创新决策→失败再创新企业数量→发明专利数量→企业收入→企业利润→企业税收→政府财政收入。

（2）政府财政收入→金融发展水平→技术创新失败企业数量→

失败企业再创新意愿→失败企业再创新决策→失败再创新企业数量→发明专利数量→企业收入→企业利润→企业税收→政府财政收入。

（3）政府财政收入→研发补贴→技术创新失败企业数量→失败企业再创新意愿→失败企业再创新决策→失败再创新企业数量→发明专利数量→企业收入→企业利润→企业税收→政府财政收入。

（4）政府财政收入→法律环境水平→技术创新失败企业数量→失败企业再创新意愿→失败企业再创新决策→失败再创新企业数量→发明专利数量→企业收入→企业利润→企业税收→政府财政收入。

（5）政府财政收入→法律环境水平→知识产权保护水平→失败企业再创新意愿→失败企业再创新决策→失败再创新企业数量→发明专利数量→企业收入→企业利润→企业税收→政府财政收入。

反馈回路（1）～（5）主要反映了制度环境因素对企业技术创新失败的影响过程。作为制度环境建设的主体，政府主要通过财政投入的方式对制度环境进行优化。首先，在人才培养与教育投入方面，地方教育经费的大量投入和人才引进政策的实施，不仅为地区的人才培养提供资金保障，确保了高质量的人才输出，而且优惠的人才引进政策也能够吸引外埠的高层次人才来本地工作，从而为技术创新企业提供充足的、高质量研发人员保证。其次，在金融发展方面，虽然金融业的市场化进程尤其自身的发展规律，但在当前中国经济结构转型的发展过程中，政府对金融业的引导作用不容忽视，通过相关金融政策的出台和实施为金融业的市场化发展提供更大的空间，进而为技术创新企业的外部融资带来更多方式和途径。再次，在企业技术创新行为的干预方面，由于技术创新本身外部性特征所导致的创新"市场失灵"问题，政府通过研发补贴等创新激励方式能一定程度上解决企业创新动力不足和创新资源缺乏的制约。最后，法律环境的建设也离不开政府部门的强有力支持，通过对相关法规条文的不断完善，以及对新时期经济发展过程中新问题、新矛盾的进一步法律解读，为技术创新企业提供法效更强的知识产权保护制度，从而形成更加公平、公正的市场竞争环境。在上述制度环境优化的基础上，从制度视角为企业的技术创新活动提供了资源支持和外部环境保障，能够进一步降低企业技术创新的失败概率，减少市场中技术创新失败企业的数量。而失败现象的发生必然会存在创新失败企业的再创新选择，失败企业再创新意愿影响着失败企业再创新决策。第4章的研究发现，在制度环境方面法律环境水平的提升会显著影响创新失败企业的再创新决策，因此在反馈回路（5）中显示，法律环境水平的提升能够强化知识产权保护制度的不断完善，从而提高创新失败企业的再创新意愿，促进更多的创新失败企业进行再创新活动，失败再创新企业数量的增大，也会带来整体的专利数量的升高，即企业能够通过更多的新产品或服务创造更多的商业价值，带动自身市场收入的不断增加，而企业收入的增加也意味着政府税收的增多，形成更多的财政收入，也就为进一步的财政投入提供了保障。

（6）企业利润→研发人员数量→技术创新失败企业数量→失败企业再创新意愿→失败企业再创新决策→失败再创新企业数量→发明专利数量→企业收入→企业利润。

（7）企业利润→企业研发投入→技术创新失败企业数量→失败企业再创新意愿→失败企业再创新决策→失败再创新企业数量→发明专利数量→企业收入→企业利润。

反馈回路（6）~（7）反映了企业子系统中导致技术创新失败的主要原因。在第3章的实证分析中发现，企业自身的技术资源和水平是决定技术创新成败的核心要素，而技术资源和水平则与企业的技术创新投入和研发人员数量密切相关。企业研发投入和研发人员的不足会导致技术创新失败的可能性增大，造成创新失败企业数量的增多，而通过制度环境外部影响，提高创新失败企业再创新意愿，也就带动更多的创新失败企业选择再创新活动，进而增加专利数量的增多，企业通过新产品和服务的提供，为自身带来更多的市场收益。

（8）政府财政收入→法律环境水平→知识产权保护水平→发明

专利数量→企业收入→企业利润→企业税收→政府财政收入。

（9）政府财政收入→人才培养与教育投入→研发人员数量→发明专利数量→企业收入→企业利润→企业税收→政府财政收入。

反馈回路（8）~（9）反映了政府子系统对企业子系统的影响，表现为技术创新失败企业再创新支持系统的辅助回路，即政府通过对法律环境、人才培养与教育投入的增大，一方面对知识产权形成了更为严格的保护制度；另一方面则形成了更多的人才输出与外部流入，促进研发人员数量的增多，从而带动了更多的专利输出与转化，企业因新产品和服务的提供能够获得更多的市场收益，企业利润的不断扩大也为政府带来更多的税收收入，为政府进一步的财政投入提供资金支持。

（三）模型系统流图

根据图 6-3 的技术创新失败企业再创新支持系统的因果关系，以及对系统中主要反馈回路的分析，建立了技术创新失败企业再创新支持系统的系统流图，如图 6-4 所示。需要说明的是，由于系统因果关系中部分变量为定性变量，为了对定性变量进行定量化操作，进

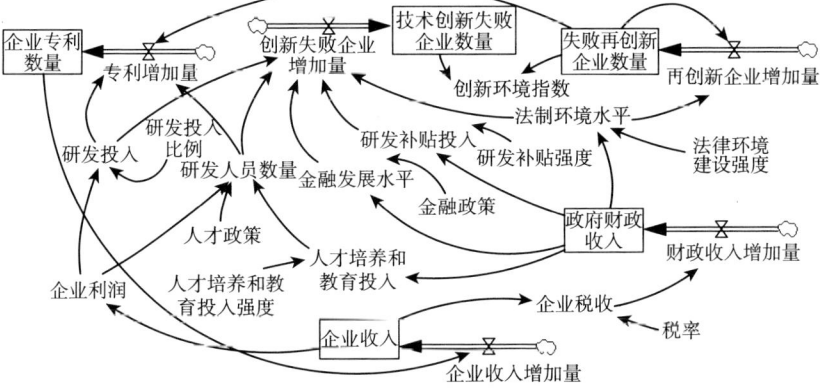

图 6-4 技术创新失败企业再创新支持系统的系统流图

· 155 ·

一步在因果关系图的基础上对系统进行了优化，简化了部分变量之间的关系，但不影响系统的整体完整性，并根据模拟仿真的需要加入一定的常量。

从技术创新失败企业再创新支持系统的系统流图可以看出，该系统涉及6个水平变量，即：企业收入、政府财政收入、技术创新失败企业数量、失败再创新企业数量和企业专利数量。速率变量主要包括：企业收入增加量、财政收入增加量、创新失败企业增加量、再创新企业增加量和专利增加量等6个变量。系统常量包括了研发投入比例、人才政策、人才培养和教育投入强度、金融政策、研发补贴强度、法律环境建设强度和税率。其余变量均为辅助变量。需要指出的是，创新环境指数是在系统因果关系图基础上新引入的辅助变量，其目的在于通过创新环境指数的变化来检验技术创新失败企业再创新支持系统对创新环境的改善效果。

（四）模型主要结构方程式

基于系统动力学的模型构建原理，建立了模型主要结构方程式。由于在结构方程式建立的过程中需要对水平变量和常量设定初始值，本书以2016年湖北省经济社会发展的统计数据作为相关变量设定和测算的依据，并根据变量之间量级转化的需要，对结构方程式进行了优化，相关统计数据均通过中经网统计数据库查询所得。水平变量方程、速率变量方程、辅助变量方程以及常量初始值的设置如下：

1. 水平变量方程

企业收入 = INTEG(企业收入增加量, 4585.6)　　　　(6-1)

政府财政收入 = INTEG(财政收入增加量, 3102.06)　　(6-2)

失败再创新企业数量 = INTEG(再创新企业增加量, 2933)(6-3)

技术创新失败企业数量 = INTEG(创新失败企业增加量, 9778)

(6-4)

第六章 制度环境视角下企业再创新支持系统动态模型与干预对策

企业专利数量 = INTEG(专利增加量, 4000)　　　　(6-5)

式（6-1）~式（6-5）中，企业收入、政府财政收入、技术创新失败企业数量、失败再创新企业数量和企业专利数量均会随时间受速率变量的影响产生累积，其初始值均为第0期的水平变量值。2016年湖北省的经济发展情况的数据显示，2016年湖北省地方财政收入3102.06亿元，税收收入2122.93亿元，规模以上工业企业主营业务收入为45850.6亿元，利润总额达到2713.46亿元，其中，R&D经费支出为44.596亿元，规模以上工业企业数量为16296家。由于技术创新失败企业数量和失败再创新企业数量的数据难以获取，为此对这两个水平变量的初始取值进行了估算。由于湖北省的科教资源丰富，其科技能力水平在我国相对较强，与中国企业创新平均失败率80%进行比照，即假定按照60%的企业创新失败率对技术创新失败企业数量水平变量取值。此外，由于支持系统初始阶段失败再创新企业数量相对较少，因此假定创新失败企业数量中的30%会进行再创新决策。水平变量初始值如表6-1所示。

表6-1　　　　　　　　　　　水平变量初始值设置

企业收入	政府财政收入	失败再创新企业数量	技术创新失败企业数量	企业专利数量
45850.6	3102.06	2933	9778	4000

2. 速率变量方程

企业收入增加量 = 企业专利数量 × 0.1　　　　　　(6-6)

专利增加量 = 失败再创新企业数量 × [（研发投入 × 0.0008/10 + 研发人员数量 × 0.0012/1000）+ 0.755]　　(6-7)

再创新企业增加量 = [法制环境水平 - DELAY1（法制环境水平, 1）]/DELAY1（法制环境水平, 1 × 失败再创新企业数量/10]　　　　　　　　(6-8)

创新失败企业增加量 = -（法制环境水平 × 0.0119 + 研发人员

· 157 ·

数量 × 0.005 + 研发投入 × 0.05 + 研发

补贴投入 × 0.0379 + 金融发展水平 ×

0.0302)   (6-9)

财政收入增加量 = 企业税收   (6-10)

3. 辅助变量方程

人才培养和教育投入 = 政府财政收入 × 人才培养和教育投入强度

                (6-11)

企业税收 = 企业收入 × 税率   (6-12)

创新环境指数 = (失败再创新企业数量 - 技术创新失败企业

数量)/10000   (6-13)

法制环境水平 = 法律环境建设强度 × 政府财政收入 (6-14)

研发人员数量 = 人才培养和教育投入 × 人才政策 + 企业利润 × 0.03

                (6-15)

研发投入 = 企业利润 × 研发投入比例   (6-16)

研发补贴投入 = 政府财政收入 × 研发补贴强度 (6-17)

金融发展水平 = 政府财政收入 × 金融政策   (6-18)

企业利润 = 企业收入 × 0.05   (6-19)

4. 常量参数

常量参数的初始值设置如表 6-2 所示。

需要指出的是，速率变量方程和辅助变量方程中部分系数的确定以及常量初始值的取值，来源于前述章节的研究结果以及相关统计数据的测算。例如，式（6-9）中，法律环境水平、研发补贴投入和金融发展水平变量的系数依据表 3-4 的回归估计结果做出了相应的数据量级改变；式（6-19）中，系数 0.05 是根据 2016 年湖北省规模以上工业企业利润总额与规模以上工业企业主营业务收入的比值得到。

第六章　制度环境视角下企业再创新支持系统动态模型与干预对策

表 6 - 2　　　　　　　　　　常量参数初始值

人才培养和教育投入强度	人才政策	法律环境建设强度	研发投入比例
0.1475	1	0.5	0.05

研发补贴强度	税率	金融政策	
0.003	0.06	0.005	

四、模拟仿真与结果分析

由于所构建的技术创新失败企业再创新支持系统是从制度环境的角度检验制度环境对企业技术创新失败、失败再创新的影响，以及对系统运行效果的检验和预测。因此，重点考察企业技术创新失败和再创新状态，企业的技术产出和收益，以及政府财政随系统演化的变化情况。在系统的模拟仿真过程中，将仿真时间长度设定为 15 年，时间步长 = 0.01，其目的在于获得尽可能多的模拟数据从而拟合出更为平滑的变量变化曲线。

（一）企业技术创新失败和再创新状态变化

图 6 - 5 和图 6 - 6 为在系统初始状态下，技术创新失败企业数量和失败再创新企业数量的演化情况。在企业技术创新失败方面，随着时间演化技术创新失败企业数量呈现出不断下降的趋势。在演化初期，技术创新失败企业数量的下降相对较缓，而在演化的中后期，这种下降趋势的幅度在不断增大。结果表明，在政府研发补贴激励干预、教育人才培养投入、金融支持以及法律环境保护等多方面的制度环境支持影响下，企业技术创新失败的可能性在降低，从而促进了技术创新失败数量的下降，这也进一步证明了前述第 3 章研究结果的可靠性，与其研究结论一致。而从这种数量下降的变化趋势来看，也

·159·

制度环境视角下技术创新失败企业的再创新机理研究

体现出了制度环境因素对企业技术创新失败影响效果的累加效应，由于制度环境的影响作用效用往往需要一定周期才能得以表现，因此在前期的演化过程中，制度环境对企业技术创新失败的影响效果可能并不明显，也就造成在初期技术创新失败企业数量的下降幅度不大，而随着制度环境影响效应的不断累加，技术创新失败企业数量在中后期呈现出相对较快的下降趋势。

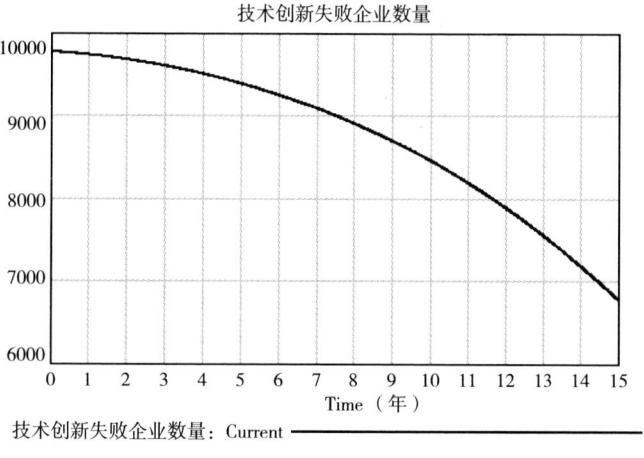

图 6 - 5　技术创新失败企业数量变化情况

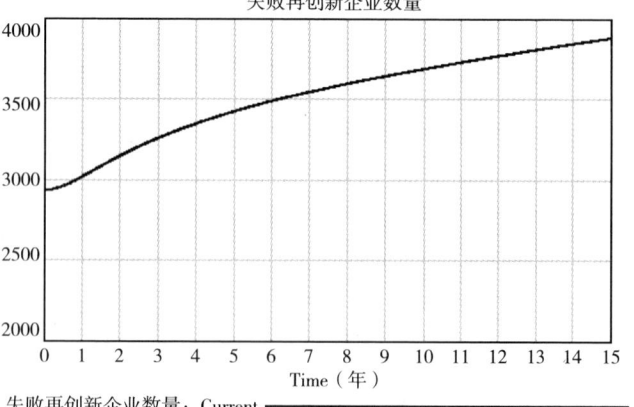

图 6 - 6　失败再创新企业数量变化情况

第六章　制度环境视角下企业再创新支持系统动态模型与干预对策

在创新失败再创新方面，系统的演化结果显示，失败再创新企业数量呈现出不断上升的趋势，并且曲线的上升趋势也较为平稳。进一步表明，受制度环境因素的影响，技术创新失败企业的再创新意愿会得到明显增强，尤其是在知识产权保护制度的保障下，越来越多的创新失败企业做出再创新决策，从而形成在先前创新失败情况下，技术创新企业"越挫越勇、踊跃创新"的再创新氛围。

此外，从技术创新失败企业再创新支持系统所影响的创新环境指数变化情况（见图6-7）来看，创新环境指数随着系统的演化，其指数由初始状态的负值逐步变化为正值，呈现出不断增大的变化趋势，说明当在制度环境因素影响下，技术创新失败企业数量的降低，以及失败再创新企业数量的不断增多，会进一步促进整体创新环境氛围的优化，社会对创新失败的宽容度更高，以企业为创新主体的技术创新动力和意愿更强。

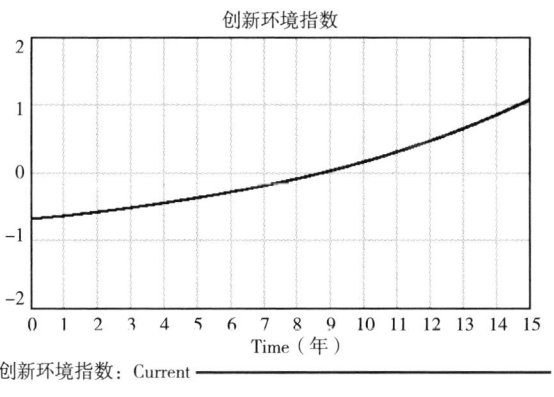

图6-7　创新环境指数变化情况

（二）企业技术创新成果和收益状态变化

图6-8和图6-9反映了在技术创新失败企业再创新支持系统影响下企业收入和企业专利数量的变化趋势。在企业收入变化方面，在受到技术创新失败企业数量减少和失败再创新企业数量增多的双重影

· 161 ·

制度环境视角下技术创新失败企业的再创新机理研究

响下，企业群体的技术创新产出大大增加，从而形成了更多的新产品和服务。此外，制度环境对企业创新行为的影响不仅体现在对技术创新相对降低，以及企业失败再创新意愿的提升，也能够为企业带来良好创新绩效和收益。根据黄亮的研究发现[208]，良好的制度保障形成了公平、公正、市场化程度更高的竞争环境，从而提升了技术创新企业的创新收益。因此，技术创新失败企业再创新支持系统不仅对创新环境氛围进行了优化，也能进一步扩大企业的创新收益，提高企业的市场收入。

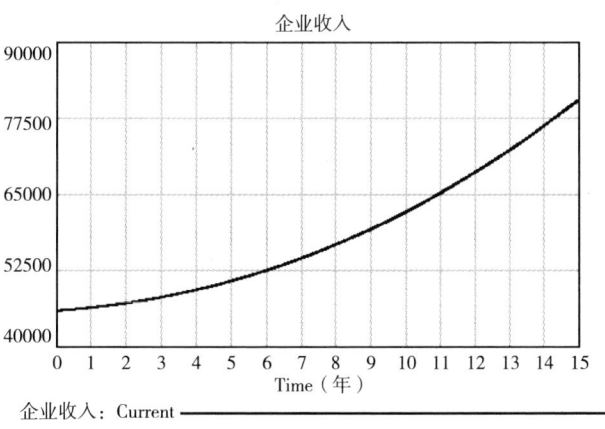

图 6-8　企业收入变化情况

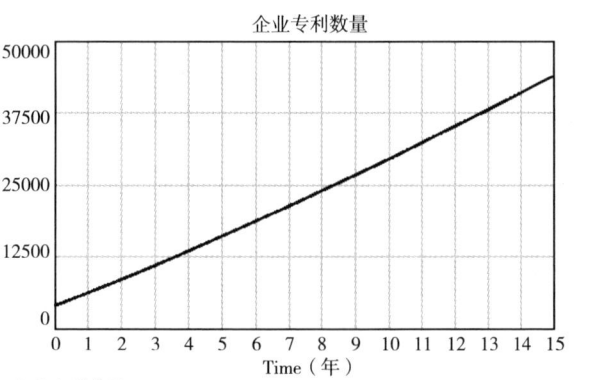

图 6-9　企业专利数量变化情况

· 162 ·

第六章 制度环境视角下企业再创新支持系统动态模型与干预对策

在企业创新产出变化方面，企业专利数量的也呈现出不断增大趋势，并且增长数量较多，并且与企业收入增长趋势不同，专利数量的变化曲线表现为一种线性关系。可能的原因在于：一方面，技术创新失败企业数量的减少和失败再创新企业数量的增多，使社会整体的创新主体基数不断扩大，并且在当前国家创新驱动发展战略的引导下，制度环境的优化带动了创新环境和氛围的进一步变好，企业的技术创新意愿更强，创新效率更高，从而促进创新产出——专利数量的不断增多。另一方面，专利只是技术创新的阶段化的成果形式，通过专利数量的增加带动创新收益的提高，还需要企业通过对专利成果的商业转化形成新产品和服务。而科技成果转化效率不足也是当前我国技术创新发展过程亟待解决的重要问题，虽然制度环境的优化能有效提升技术成果的转化效率，但从而发达经济体的发展经验来看，专利数量与创新产品和服务之间的巨大差距往往难以有效缓解，这也就可以进一步解释在技术创新失败企业再创新支持系统影响下，企业收入和企业专利数量在增长趋势和量级方面的巨大差别。

（三）政府财政收入的状态变化

图 6-10 反映了政府财政收入在系统影响下的变化情况。可以看出，政府财政收入的变化曲线也表现出逐年递增的趋势。结果表明，政府通过制度优化干预企业技术创新成败和失败再创新时，虽然需要投入一定的优化成本，但从收益角度来看，企业技术创新失败率的降低，以及失败再创新意愿的提升，带来了更多的创新产出，不仅增加了企业自身的创新收益，也会通过企业税收的提高进一步增大政府财政收入，从而为政府进一步的制度环境优化提供充足的资源保障。政府财政收入的状态变化情况也验证了前述第四章的研究发现，即政府通过制度环境的优化，在促进失败企业再创新行为的同时，也提高了自身的财政收入，两者之间形成了制度环境优化、失败再创新的协同效应。

· 163 ·

制度环境视角下技术创新失败企业的再创新机理研究

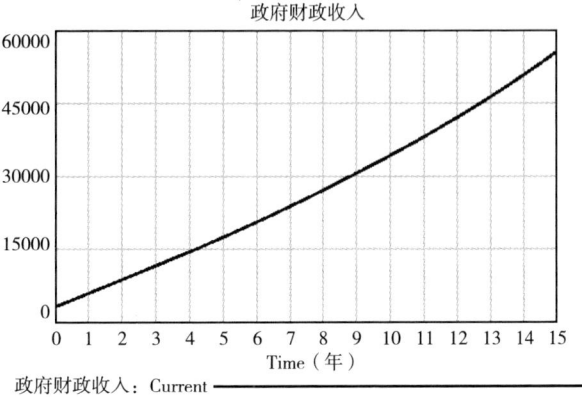

图 6 - 10　政府财政收入变化情况

（四）灵敏度分析

灵敏度分析是通过对技术创新失败企业再创新支持系统中的变量参数值调整，分析其对整体系统运行效果的影响。由于本章的核心问题在于揭示如何从制度环境因素降低企业技术创新失败概率，以及如何支持失败再创新行为。因此，在灵敏度分析中主要检验人才政策、金融政策、研发补贴强度和法律环境建设强度等常量变量变化对技术创新失败企业再创新支持系统运行效果的影响。

1. 人才政策

初始状态下，人才政策变量的初始值为1，分别上下调动初始值的2倍，即分别赋值为0.5和2，对比分析两种情况下系统运行状况与初始状态的差异。图6-11汇报了当人才政策变量增大和减小对技术创新失败企业数量的影响情况，可以看出，当人才政策变量减小时，技术创新失败企业数量的拟合曲线会移动到初始状态的上方，表明当人才政策激励不足时，会导致企业技术创新过程中研发人员的欠缺，并且更可能极大地影响研发人员的技术水平，从而导致企业技术

· 164 ·

创新能力的缺陷，增大了创新失败发生的概率，造成技术创新失败企业数量的增多。而当人才政策变量增大时，技术创新失败企业数量的拟合曲线会移动到初始状态的下方，表明当地政府出台的人才政策导向性更强时，能够吸引更多、更高层次的人才到本地区生活工作，从而形成地区的人才集聚效应，为企业技术创新提供充足的人力保障，提升企业的研发能力水平，进一步分散技术创新的失败风险，降低技术创新失败企业的数量。

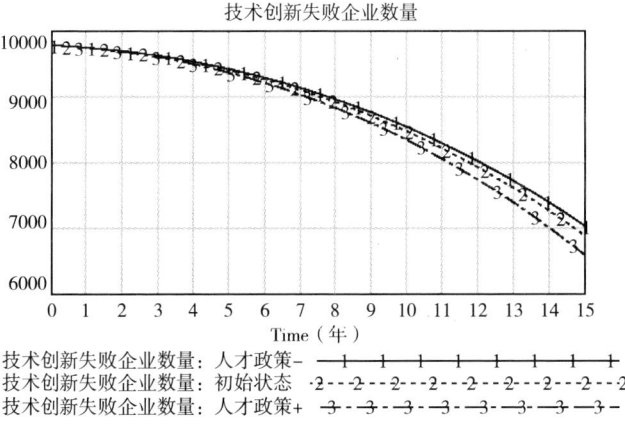

图 6 - 11　人才政策变化对技术创新失败企业数量的影响

2. 金融政策

金融政策变量在初始状态下的赋值为 0.005，在其他变量初始值不变的情况，分别改变金融政策变量为 0.1 和 0.001。图 6 - 12 显示了金融政策变化对技术创新失败企业数量影响的变化情况，可以看出，随着金融政策变量变大，技术创新失败企业数量的减小趋势的幅度会进一步增大，说明金融政策力度能进一步激活金融业的市场化程度，为企业技术创新提供了更为丰富的外部融资的途径和方式。也就是说，金融业的市场化程度越高，越能够降低企业的外部融资成本，使企业将有限的自有资源更多地投入技术创新活动中，并且外部融资的资金支持也能够有效缓解企业技术创新资金不足的问题，从而为技

· 165 ·

制度环境视角下技术创新失败企业的再创新机理研究

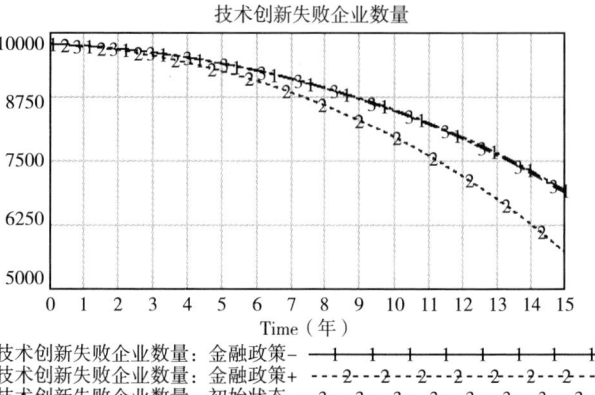

图 6 - 12　金融政策变化对技术创新失败企业数量的影响

术创新项目的实施提供资金保障，降低了技术创新失败企业的数量。

3. 研发补贴强度

研发补贴强度变量在系统的初始状态设定为 0.003，调动其值改变为 0.1 和 0.0001，图 6 - 13 报告了研发补贴强度变化对技术创新失败企业数量的影响。结果显示，随着政府补贴强度的增大，技术创新失败企业数量的拟合曲线下降幅度也会进一步扩大，说明通过政府研

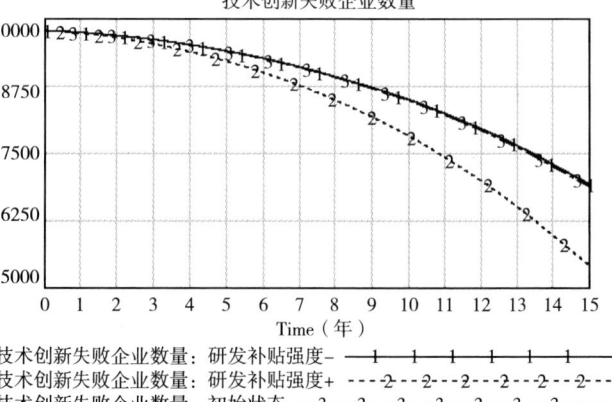

图 6 - 13　研发补贴强度变化对技术创新失败企业数量的影响

·166·

第六章　制度环境视角下企业再创新支持系统动态模型与干预对策

发补贴强度不断增强，能够显著降低企业技术创新的失败概率，从减少技术创新失败企业数量。但需要注意的是，理论研究和实践探索表明，政府的研发补贴激励手段往往存在双向效应，即对企业的创新投入具有挤出效应和挤入效应，因此，对研发补贴激励方式的使用应该更为谨慎，而根据前述第3章的研究发现，金融发展水平和法律环境水平的提升能有效降低政府干预对企业技术创新失败影响效应，也就是说，对于企业技术创新失败的降低，政府应在加强金融发展水平和法律环境建设的同时，相对有限的使用研发补贴的激励方式，防止研发补贴对企业技术创新行为挤出效应的形成。

4. 法律环境建设强度

在系统的初始状态中，法律环境建设强度变量的初始值设定为0.5，调动其值分别为1和0.01，考察法律环境建设强度变化对技术创新失败企业数量，以及失败再创新企业数量的影响情况。

法律环境建设强度变化对技术创新失败企业数量的影响如图6-14所示。可以看出，当政府对法律环境的建设强度不断增大时，技

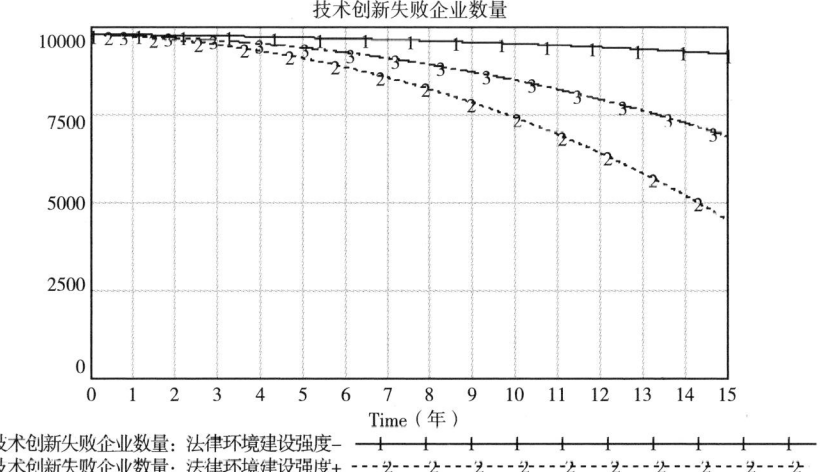

图6-14　法律环境建设强度变化对技术创新失败企业数量的影响

·167·

制度环境视角下技术创新失败企业的再创新机理研究

术创新失败企业的数量也在相应降低，进一步表明法律环境的不断优化以及知识产权制度的不断完善，不仅能为企业的知识产权成果提供保护，也能够有效规制技术创新过程中知识产权被侵犯的负面行为，从而降低了企业技术创新失败的可能性。

图6-15汇报了法律环境建设强度对失败再创新企业数量的影响。图中曲线的变化情况可以看出，法律环境建设强度的增大可以促进失败再创新企业数量的增多，表明法律环境水平的提高在降低企业技术创新失败风险的同时，还会进一步作用于企业失败再创新决策。执法效率更高，知识产权保护强度更大的法律制度促进了及时创新失败企业的再创新意愿，从而更有利于形成创新环境中宽容失败的氛围，激发失败企业再创新动力，从而优化了整体的创新环境。

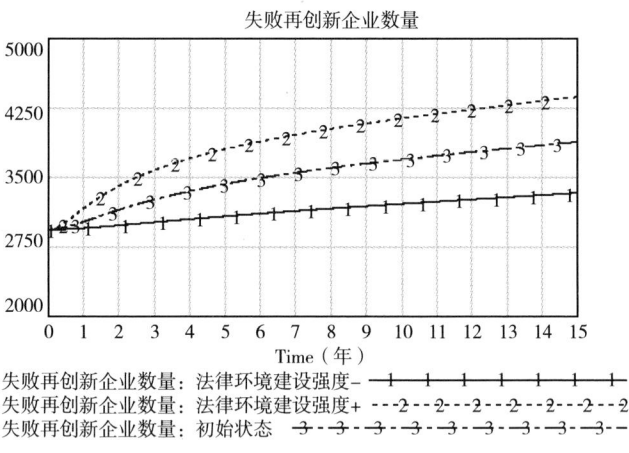

图6-15　法律环境建设强度变化对失败再创新企业数量的影响

五、对策建议

（一）建立技术创新失败补偿机制

从失败学角度来看，创新失败在给企业带来巨大成本损失的同

· 168 ·

第六章　制度环境视角下企业再创新支持系统动态模型与干预对策

时，更可能在一定程度上打击企业创新积极性，制约其再创新行为，影响创新绩效。依据期望理论，创新失败企业可能更在乎失败所带来的本金损失，以及资源存量能否支持再创新的成本投入。而现阶段我国技术创新激励机制主要针对技术创新的前端过程或在创新成功后进行事后激励的收益性补偿。技术创新的高风险性决定了创新失败的客观存在，失败学与组织心理学认为关注失败激励能有效支持再创新行为。

市场竞争强度和创新维度的不断升高，导致技术创新活动中突破式创新难上加难。为进一步激发企业的创新潜力，应改变长期以来盛行的"以成败论英雄"的思想，为企业，特别是新创企业，从创新文化的包容性和宽容性上摆脱思想束缚，营造允许失败、宽容失败的社会氛围。通过宣传舆论引导社会公众对技术创新长期性、艰巨性和不确定性的深入认知，纠正广泛存在的创新"反失败"偏见，在技术创新遭遇失败时少一些质疑和苛责、多一分耐心和包容。

此外，仅仅依靠宽容失败的社会氛围激励企业技术创新行为并不足够，需要加强对技术创新失败的激励。通过技术创新失败补偿机制，改变以往采用结果评判创新活动成败的观念，引导社会公众形成正确的创新价值观。并且，对企业技术创新失败进行激励，有利于从技术创新失败中发现挖掘技术创新的真正价值，尤其是突破式创新失败，其技术创新过程本身蕴含的价值巨大，更需要通过补偿支持创新失败企业，进一步激发其技术创新积极性和后续创新行为。

（二）加大政府补贴的技术创新导向

根据本书的研究发现，加大政府研发补贴强度可以有效降低企业技术创新的失败概率，并且进一步激励和促进企业增加技术创新的投入和产出。因此，需要加大政府补贴的力度，充分发挥政府补贴的杠杆作用，引导企业技术创新资源的投入，降低技术创新的失败风险。

为了促进企业技术创新，国家通过创新驱动战略的实施，相继出台了一系列有关创新补贴的政策条文，并且明确了补贴资金的来源、补贴对象和方式的选择。创新补贴政策的实行显著促进了我国科技创新水平的提升，据"十三五"国家科技创新规划中的数据显示：2015年，国家综合创新能力跻身世界第18位，科技进步贡献率从2010年的50.9%提高到2015年的55.3%。然而，与发达经济体相比，我国企业的技术创新能力和技术发展水平依旧存在加大差距，这也在一定程度上导致我国企业技术创新失败率远高于发达经济体。因此，进一步加大政府补贴力度，引导企业技术创新投入，能够有效提升企业的技术创新效率，促进整体创新环境的优化。

此外，根据上市企业公布的数据显示，获得政府补贴的企业数量、补贴总额以及补贴数额的增速均在不断增长，平均每家上市企业获得政府补贴由2007年的2460万元，增长到2016年的5550万元。但在补贴份额的分配上存在较大差别，部分企业占据了大量的政府补贴资金。比如，中国石油和中国石化在2016年分别获得了政府补贴85.09亿元和39.87亿元，远远超过了受补贴企业的平均值。然而这些补贴绝大部分应用于两企业在进口原油过程的税收补贴，而非真正投入到企业的技术创新活动中。因此，对于未来的政府补贴政策，应切实加强补贴激励对企业技术创新的引导作用，降低非创新活动的补贴比重，从而将有限的政府资源投入到企业技术创新，并且应加强对补贴资金使用动向的过程监管，防止因信息不对称导致的寻租、道德风险问题的发生，真正发挥政府补贴对企业技术创新的激励作用。

（三）实施差异化的政府补贴强度

通过第三章的实证分析发现，虽然政府干预能够降低企业技术创新的失败概率，但金融发展水平和法律环境水平的提升可以进一步降低政府干预对企业技术创新失败的影响效应。其结果的实践意义在于，由于我国的经济发展正处于转型阶段，各地区的财政资金都或多或少的存在限制约束的问题，单一的通过加大政府补贴的方式虽然能够促进企业技术创新投入，降低技术创新风险，但势必会影响其他方面的经济社会建设，因而对有限的财政资金使用应该高效。对于金融业市场化程度较高，法律环境较好的地区，政府补贴的投入强度可以相对降低，政府资源可以投入金融环境和法律环境的建设当中，通过两者环境水平的提升来影响企业技术创新活动，降低企业技术创新的失败概率。此外，政府与市场关系水平的强弱差异，也会影响政府补贴的激励效应，在政府与市场关系强度相对较高的地区，政府补贴对企业创新活动的影响效果更加明显。因此，对于政府财政资源的分配，应根据所在地区金融发展水平和法律环境水平的不同，以及政府与市场关系强度的差异，有针对性地加大政府补贴强度，从而提高政府补贴资金的效率。

（四）强化金融环境宏观布局的政府作用

金融环境的优化离不开政府引导和调控，因此各地方政府应进一步发挥在科技金融中的重要作用，引导金融业的宏观布局，提升技术创新企业的外部环境的金融支持。具体而言可以从以下几个方面进行优化：第一，技术创新尤其自身的周期性特点，也就造成了技术创新企业会处不同的发展阶段。而处于不同发展阶段的技术创新企业在融资需求上也会存在较大的差异，因此需要根据技术创新特点的不同，针对性的制定相应的支持计划和发展措施，从而有效发挥政府在金融环境优化方面的支持和引导作用，通过科技金融政策的供给侧结构性改革，为企业技术创新营造良好的外部融资环境。第二，进一步加大政府技术创新专项资金的支持力度，加强政府的引导作用，为科技金

· 171 ·

融搭建平台，开展多种形式的交流合作，充分发挥技术创新专项资金的杠杆作用，建立稳定的科技投入增长机制。第三，加强金融环境的法律规制作用，对于技术创新的信贷投入比例、技术创新收益对金融的返还比例等具体问题，通过法律法规的形式予以确定，从而推动金融业对技术创新支持的良性互动，使其发展更具规范化和法制化。第四，建立相关的科技金融配套服务体系，有效的匹配企业技术创新发展融资需求，从而通过有效的资本供给为企业技术创新能力的提升和科技成果的转化提供金融支持。

（五）强化金融资源向技术创新领域配置

由于技术创新自身的高风险性，金融环境中的传统信贷方式对技术创新企业的信贷审核的过程更为严格，并且多数技术创新企业为中小型企业，信用担保水平也相对较低，因此导致技术创新企业的外部融资成本普遍较高，甚至难以获得金融机构的融资支持，从而制约了企业技术创新活动，增大了技术创新的失败风险。因此，在金融环境的优化方向上，应基于科技创新发展的阶段性特征，强化金融资源向技术创新领域配置，使之成为技术创新过程中不可或缺的保障性力量。第一，要进一步加大现有政策性银行对技术创新企业的支持力度，在此基础上，根据中小企业的技术创新需要设立相应的中小企业发展银行，有效解决中小型技术创新企业融资难的问题。第二，可以在部分技术创新水平较高，经济发展较快的地区，利用好自身的资源优势，成立专门性的科技金融机构，为技术创新企业提供金融服务，进一步降低企业的外部融资成本。第三，为解决中小型技术创新企业信用担保水平不足的问题，适时的推动成立中小企业信用担保基金，完善企业信用担保体制机制，运用信用杠杆撬动中小型科技企业的融资能力。第四，可以进一步完善科技创新保险制度。一方面可以有效地分散企业技术创新的失败风险，解决其融资难的发展问题；另一方面保险制度严格的监管制度体系，也会监督企业切实地将信贷资金投入到技术创新活动。

（六）完善技术创新领域的法律制度

技术创新活动离不开良好的法律环境，通过法律制度能够确定技术创新主体的法律地位，明确其权利、义务以及行为准则，从而保证了技术创新活动的有效运行。法律对技术创新成果权益的保护，也能够保证技术创新企业的经济利益不受侵害，促进了企业技术创新的积极性。而本书研究也发现，在较高的法律环境水平下，企业的技术创新失败概率会显著降低，并且也会进一步提高创新失败企业的再创新倾向，促进其后续创新行为的发现。因此，在当前国家创新驱动战略实施的背景下，应结合企业技术创新实际情况，并根据在生产过程中技术成果利用程度，构建起完善的法律机制。在进行技术创新过程中，研发激励、确定成果权属、转换成果等内容，都是技术创新工作者尤为注重的内容。所以，在构建完善的技术创新法治环境中，应对这些内容高度重视，围绕着核心要素构建法律制度基础上，还需要衔接好各方面的法律制度，从而形成完善的、统一的法律制度体系，并保证这一法律制度体系可以促进技术创新。

转化科技成果也就是将具有一定创新性的技术成果从科研部门转换到生产部门中，在增加新产品下，改进技术工艺，提高经济效益。健全的创新成果转化的法律制度，有助于为创新主体带来更多的创新效益，可有效地激励创新主体创新活动。但实际情上转化创新成果并非易事。当前我国的科技成果转化体制还存在较多问题，尤其是科研机构与企业的关联相互脱节，造成了科学技术研究与经济社会发展脱离的现象。因此，科技成果转化效率始终与发达经济体相比存在较大差距。

另外，不健全的科技成果转化法律激励制度也影响着科技成果的转化效率，特别是每项法律制度很难形成一股合力。在科技成果转化过程中会涉及很多方面的工作，例如，科技研究、科技教育、推广技术等，对相应的法律制度完善应结合这几方面内容针对性设计，并保证每项制度有很强的联系性，以达到在实施每项法律制度中切实的推动科技成果的转化质量。

制度环境视角下技术
创新失败企业的
再创新机理研究
Chapter 7

第七章　全书总结与研究展望

本章将对本书的研究内容进行总结，在此基础上归纳本书的研究结论，概况本书的主要创新点，分析研究存在的局限性，并对未来研究工作进行展望。

一、全书总结

技术创新的高风险性和不确定性决定了技术创新失败的客观存在，但由于"反失败"偏见思想的影响，社会各界往往更为关注技术创新成功，而选择性的忽视创新失败现象。随着我国创新驱动战略的实施，以及新兴产业的快速发展，技术创新的高失败率问题逐步引起了理论界和实务界的关注。对于技术创新失败而言，企业自身的技术障碍是造成失败的主要原因，自身知识资源不足、技术能力缺陷、产品与市场定位不匹配，导致了技术创新过程出现失败的可能。但在当前我国经济结构转型的过程中，制度因素在生产资源要素分配上起到了重要作用，影响了企业的技术创新活动。那么，制度环境因素影响下，技术创新失败企业再创新的内在机理需要进一步剖析，需要解答以下问题：制度环境是不是影响企业创新失败的原因之一？对于创新失败企业，再创新决策往往比一般情况需要克服更多的困难，制度环境在这一过程是否会影响其再创新策略的选择？而制度环境又是否会影响企业绩效？

为探讨上述问题，本书从制度环境的视角分析了技术创新失败企业的再创新机理，做出了以下研究工作：

（1）针对本书的研究问题，考虑到研究过程中所涉及的核心概念，重点从技术创新失败和制度环境两个方面梳理了国内外相关研究取得研究成果和存在的不足，从理论层面探讨了研究制度环境与企业再创新行为的内在关系问题，为进一步的研究工作提供了扎实的理论基础。

（2）实证分析了制度环境对企业技术创新失败的影响机理。基

第七章 全书总结与研究展望

于既有研究对制度环境因素的处理方法，通过理论分析从政府干预水平、金融发展水平和法律环境水平等三个方面提出了制度环境与企业技术创新失败关系的研究假设，以医药产品不良反应作为技术创新失败衡量标准，选择医药制造业上市企业 2008～2014 年的相关数据作为研究样本，构建了研究假设检验的 Probit 模型，并通过描述性统计、相关性分析、回归分析和稳健性检验，实证分析了政府干预水平、金融发展水平和法律环境水平对企业技术创新的作用影响。

（3）研究了制度环境对技术创新失败企业再创新决策的驱动效应。根据技术创新失败企业再创新决策行为的特点，采用博弈论的研究方法，建立了政府部门制度环境优化与失败企业再创新决策的演化博弈模型，讨论了政府部门和技术创新失败企业在演化过程中的稳定均衡策略，并通过 MATLAB 软件对双方博弈的演化过程进行了模拟仿真，并探讨了参数变化对博弈系统演化结果的影响。

（4）探讨了制度环境对失败再创新投入与企业绩效关系的调节效应。继续利用医药制造业上市企业 2008～2014 年的相关数据，通过构建多元回归模型，实证检验了企业再创新投入对企业绩效的影响，以及政府干预水平、金融发展水平和法律环境水平对失败再创新投入与企业绩效关系的调节作用。

（5）从制度环境视角构建了技术创新失败企业再创新支持系统的动态模型。在论证技术创新失败企业再创新支持系统必要性的基础上，对系统边界进行了界定，分析了系统内部的因果关系，利用系统动力学方法建立了技术创新失败企业再创新支持系统的系统流图，通过 Vensim 软件对系统的运行效果进行了模拟仿真，结合仿真分析结果提出了相应的制度环境优化对策。

二、研究结论

通过从制度环境视角对技术创新失败企业再创新机理的探讨，本

· 177 ·

书得到以下研究结论：

（1）制度环境的是影响企业技术创新失败的因素之一。具体而言，政府干预与企业技术创新失败之间存在倒"U"形关系，当政府干预程度低于某一临界值时，通过政府干预可以显著地降低企业技术创新的失败概率，而当政府干预程度高于这一临界值时，过度的政府干预则会造成企业技术创新失败概率的提升。金融发展水平对企业技术创新失败呈现显著的负向影响，并且地区金融发展水平越高，会降低政府干预对企业技术创新失败的影响效用，更加突出企业自身在技术创新过程中的主体作用。而依据所有制性质的分组检验发现，相比于非国有企业，法律环境水平的提升对国有企业技术创新失败的影响更加明显，能够显著降低国有企业技术创新失败的概率。而且在政府与市场关系相对较强的环境中，金融业的市场化和法律环境水平并不是影响企业技术创新失败的制度环境原因。

（2）制度环境的优化能够促进技术创新失败企业的再创新决策。再创新决策是在先前技术创新失败基础上进行的企业后续创新行为的选择过程，由于受到先前失败经历的影响，技术创新失败企业往往过高估计了再创新难度和谨慎判断未来创新收益。通过政府部门制度环境的优化，一方面帮助技术创新失败企业正确审视失败与再创新的关系，另一方面也能够提高企业再创新收益，降低再创新成本，从而形成政府制度环境优化与企业再创新行为决策之间良好的协同效应，提升创新环境水平。

（3）创新失败企业再创新投入对企业绩效呈现显著的正向影响，失败再创新投入强度的增加会带动企业绩效的提升。并且，政府干预水平和金融发展水平在创新失败企业再创新投入与企业绩效的关系中分别起到了显著地负向调节和正向调节作用，而法律环境水平的调节效应并不明显。此外，在区域和所有权的异质性分样本检测中发现，东部地区的上述影响关系更加突出，而且金融业市场化程度的提升，会有进一步增强国有企业失败再创新投入对企业绩效的提升效应。上

第七章　全书总结与研究展望

述研究结果在稳健性检验后依然成立。

（4）从制度环境视角构建了技术创新失败企业再创新支持系统动态模型，利用系统动力学方法和 Vensim 软件对系统的运行效果进行了模拟仿真。结果发现，政府部门通过对制度环境的优化，不仅能够显著降低了技术创新失败企业数量，提高了失败再创新企业数量，而且能够明显提升企业自身的市场收益，进一步扩大政府的财政收入。通过加强人才政策、金融政策和研发补贴强度对技术创新企业的支持能降低其创新失败的可能性，而法律环境建设强度的提升不仅使企业技术创新失败率下降，也会促进创新失败企业的再创新行为。

三、本书创新点

与已有研究相比，本书研究的创新点主要体现在以下几个方面：

（1）实证分析了制度环境对企业技术创新失败的影响机理。既有文献对技术创新失败原因的探讨多是从企业自身创新能力的角度进行分析，强调了技术障碍是影响企业技术创新失败的主要原因。虽然部分研究涉及制度环境与技术创新失败的关系，但也存在与理论层面的探讨，缺乏系统的实证数据检验。本书基于医药产品不良反应监测数据的可获得性，从医药产品不良反应和医药产品技术创新失败的关系角度对技术创新失败进行了测度，采用市场化指数测度制度环境，实证验证了制度环境对企业技术创新失败的影响作用，相关研究结论有助于对技术创新失败问题的进一步认识和技术创新失败的追源，扩展了创新失败问题的研究思路。

（2）探讨了制度环境优化与技术创新失败企业再创新决策的关系。创新失败和后续创新行为的关系是创新失败领域中重要的研究方向，但现有研究多是强调个体层面的特征因素对再创新决策的影响，但制度环境差异也可能影响着企业的再创新决策过程。基于此，本书

· 179 ·

构建了政府制度环境优化与失败企业再创新决策的演化博弈模型，分析了制度环境优化对失败企业再创新决策的影响，取得的研究结论进一步丰富了创新失败和后续创新行为关系的研究边界。

（3）揭示了制度环境在失败再创新投入对企业绩效影响关系中的调节作用。已有研究表明技术创新投入对企业绩效具有显著的正向影响，但对于在先前技术创新失败的情况下，企业再创新投入与企业绩效之间关系是否依然遵循已有理论还缺乏实证检验。此外，地区间制度环境的差异性和多样性也会影响企业再创新过程，但现有研究缺少系统的探讨。因此，本书通过实证研究进一步揭示制度环境的调节作用，丰富了制度环境与企业再创新关系的研究内容，对深入理解制度环境在企业再创新活动的作用具有重要启示。

四、研究局限与展望

（一）研究局限

（1）研究样本方面的局限。在对制度环境对企业技术创新失败影响的分析过程中，本书基于样本数据的可获得性，以及医药产品不良反应与创新失败的相关性，在实证研究样本的选取上，仅选择了医药制造业上市企业的相关数据，并未实现对全行业的实证数据搜集。因而，研究结果可能更可能多的反映了医药制造行业中制度环境对企业技术创新失败的作用影响，并不能反映全行业在此方面的特点，一定程度上影响了研究结果的代表性和普适性。

（2）研究变量方面的局限。本书在既有理论的基础上，从政府干预、金融发展和法律环境三个方面对制度环境进行了测度，测度指标的选取采用了王小鲁、樊纲等人编著的《中国分省份市场化指数报告（2016）》，虽然市场化指数反映了不同省份地区的政府与市场

第七章 全书总结与研究展望

关系、金融业市场化程度和法律维度的制度环境，并被大多数研究所应用，但市场化指数忽略了制度环境中的文化环境等非正式制度，而文化环境也可能影响企业技术创新活动以及再创新意愿。因此，需要选择更为全面的制度环境变量的测度方法。

（3）研究方法方面的局限。基于研究资料可获得性的考虑，本书在制度环境对技术创新失败再创新行为作用机理部分的研究采用了博弈论的研究方法，虽然演化博弈的分析范式较好地还原了技术创新失败企业再创新决策与政府部门制度环境优化决策之间的作用关系，并且也考虑了技术创新失败企业再创新决策过程中主观因素的影响，但创新失败与后续创新行为之间的关系是一个"黑箱"模型，受到多种因素的作用影响，比如企业个体层面的失败学习能力差异，失败承受度和风险感知度的不同都会影响再创新决策过程。因此，在可能的研究条件下，通过多种类型案例对比分析，可能会获得更为有意思的研究发现。

（二）研究展望

（1）进一步挖掘衡量创新失败的测度指标。无法准确衡量创新失败是制约创新失败相关实证研究深入开展的主要原因。有关创新失败数据在现有的公开调查数据数据库中并不存在，并且"反失败"偏见的影响，导致在对企业的调研过程中企业对失败问题采取回避态度，无法获得理想的研究数据。因此，在后续研究中，进一步挖掘创新失败的企业特点，寻找对创新失败变量测度更具有普适性的方法，并且可以通过借助政府部门的帮助，使企业更为配合对创新失败数据的获取。

（2）进一步细化制度环境的内在维度。本书对制度环境的衡量包括了政治环境（政府干预）、法律环境和金融环境，主要是从正式制度视角分析了制度环境与企业技术创新失败、失败企业再创新的关

· 181 ·

系，在未来研究中，可以进一步将非正式制度，如将文化环境纳入到研究问题当中。此外，制度环境内在不同维度也会受到其他因素的影响，而这些因素又是如何影响制度环境与企业技术创新失败、失败企业再创新的关系，都可作为后续研究考虑的问题。

（3）进一步理清制度环境与企业再创新行为之间的"黑箱"关系。由于创新失败是创新研究领域关注的一个新的问题，尤其是在失败结果之后，如何促进企业的再创新活动现有研究也在积极地探索。对于技术创新失败企业而言，再创新决策不仅受到外部制度环境的影响，企业个体特征因素也是需要考虑的重要方面，个体层面的差异会不会导致制度环境对再创新的作用过程发生改变，也需要在进一步研究深入探讨。

参 考 文 献

［1］中央政府门户网站. 国务院关于印发"十三五"国家科技创新规划的通知 ［EB/OL］. ［2016 - 07 - 28］. http：//www. gov. cn/gongbao/content/2016/content_5103134. htm.

［2］Klink R R, Athaide G A. Examining the brand name – mark relationship in emerging markets ［J］. Journal of Product & Brand Management, 2014, 23 (4/5)：262 – 267.

［3］赵寅君. 企业技术创新的障碍及政策建议 ［J］. 当代经济, 2007 (17)：54 – 55.

［4］McGrath R G. Falling forward：Real options reasoning and entrepreneurial failure ［J］. Academy of Management Review, 1999, 24 (1)：13 – 30.

［5］王朋举, 叶建木, 罗娟. 政府资金补偿对科技创新失败项目的作用机理研究 ［J］. 科学学与科学技术管理, 2014, 35 (1)：3 – 8.

［6］Lee K, Lim C. Technological regimes, catching – up and leapfrogging：findings from the Korean industries ［J］. Research Policy, 2001, 30 (3)：459 – 483.

［7］Hoecht A, Trott P. Innovation risks of strategic outsourcing ［J］. Technovation, 2006, 26 (5 – 6)：672 – 681.

［8］Laranja M, Uyarra E, Flanagan K. Policies for science, technology and innovation：Translating rationales into regional policies in a multi – level setting ［J］. Research Policy, 2008, 37 (5): 823 – 835.

［9］Woolthuis R K, Lankhuizen M, Gilsing V. A system failure framework for innovation policy design ［J］. Technovation, 2005, 25 (6): 609 – 619.

［10］李艳. 适应性调整：新制度主义视角下的中国体制转型研究 ［D］. 天津. 南开大学, 2013.

［11］丁桂凤，候亮，张露，等. 创业失败与再创业意向的作用机制 ［J］. 心理科学进展, 2016, 24 (7): 1009 – 1019.

［12］叶建木，王煜平. 企业失败项目资源再配置研究：一个文献综述 ［J］. 当代经济管理, 2008, 30 (6): 27 – 30.

［13］于晓宇，蔡莉. 失败学习行为、战略决策与创业企业创新绩效 ［J］. 管理科学学报, 2013, 16 (12): 37 – 56.

［14］曹琪格，任国良，骆雅丽. 区域制度环境对企业技术创新的影响 ［J］. 财经科学, 2014 (1): 71 – 80.

［15］河南日报. 创新要容许失败 ［EB/OL］. ［2015 – 03 – 08］. http://newpaper. dahe. cn/hnrb/html/2015 – 03/08/content＿1230591. htm? div = – 1.

［16］中央政府门户网站. 政府工作报告［EB/OL］. ［2016 – 03 – 17］. http://www. gov. cn/guowuyuan/2016 – 03/17/content＿5054901. htm.

［17］畑村洋太郎. 失败学 ［M］. 上海：上海科学技术出版社, 2002.

［18］Kamel Mellahi, Adrian Wilkinson. Organizational failure: a critique of recent research and a proposed integrative framework ［J］. International Journal of Management Reviews, 2010, 5 – 6 (1): 21 – 41.

［19］宇德明，郭乃正，黄洪伟. 产学研一体化科技创新平台运行失败原因分析与控制对策 ［J］. 铁道科学与工程学报, 2010, 7 (6): 90 – 94.

[20] 段秉乾. 复杂产品系统创新的风险管理研究 [D]. 上海: 复旦大学, 2006.

[21] 叶建木, 张艳伟. 企业项目失败标准的维度分析 [J]. 工业工程与管理, 2010, 15 (2): 93 - 97.

[22] Savolainen P, Ahonen J J, Richardson I. Software development project success and failure from the supplier's perspective: A systematic literature review [J]. International Journal of Project Management, 2012, 30 (4): 458 - 469.

[23] Madsen P M, Desai V. Failing to learn? The effects of failure and success on organizational learning in the global orbital launch vehicle industry [J]. Academy of Management Journal, 2010, 53 (3): 451 - 476.

[24] Romer P M. Growth Based on Increasing Returns Due to Specialization [J]. American Economic Review, 1987, 77 (2): 56 - 62.

[25] 王朋举. 企业科技创新失败项目政府补偿方式选择 [J]. 科技进步与对策, 2016, 33 (9): 62 - 66.

[26] 李天柱, 侯锡林, 马佳. 技术创新成功与失败的纯理论思考 [J]. 技术经济与管理研究, 2016 (3): 24 - 28.

[27] 傅家骥. 技术创新学 [M]. 北京: 清华大学出版社, 1998.

[28] 尹贻林, 胡杰. 基于利益相关者核心价值分析的公共项目成功标准研究 [J]. 中国软科学, 2006 (5): 149 - 155.

[29] 林鸣, 沈玲, 马士华, 等. 基于全寿命周期的项目成功标准的系统思考 [J]. 工业工程与管理, 2005, 10 (1): 101 - 105.

[30] 李立江, 池重. 项目成功与失败的标准研究 [J]. 河北广播电视大学学报, 2006, 11 (5): 69 - 71.

[31] 彭福扬, 胡元清, 刘红玉. 科学的技术创新观——生态化技术创新 [J]. 自然辩证法研究, 2006, 22 (6): 60 - 62.

[32] Van der Panne G, Van Beers C, Kleinknecht A. Success and

failure of innovation： a literature review ［J］. International Journal of Innovation Management, 2003, 7 （3）： 309 – 338.

［33］ Mitchell R K, Mitchell J R, Smith J B. Inside opportunity formation： Enterprise failure, cognition, and the creation of opportunities ［J］. Strategic Entrepreneurship Journal, 2008, 2 （3）： 225 – 242.

［34］ Lhuillery S, Pfister E. R&D cooperation and failures in innovation projects： Empirical evidence from French CIS data ［J］. Research Policy, 2009, 38 （1）： 45 – 57.

［35］ 毛荐其, 杨海山. 技术创新进化过程与市场选择机制 ［J］. 科研管理, 2006, 27 （3）： 16 – 22.

［36］ Lundvall B Å. National innovation systems—analytical concept and development tool ［J］. Industry and Innovation, 2007, 14 （1）： 95 – 119.

［37］ North D C. Institutions, institutional change, and economic performance ［M］. Cambridge University Press, 1990.

［38］ North D C. The Contribution of the New Institutional Economics to an Understanding of the Transition Problem ［M］ //Wider Perspectives on Global Development. Palgrave Macmillan, London, 2005： 1 – 15.

［39］ Baumol W J. Formal entrepreneurship theory in economics： Existence and bounds ［J］. Journal of Business Venturing, 1993, 8 （3）： 197 – 210.

［40］ Baumol W J. Entrepreneurship and invention： Toward their microeconomic value theory ［R］. AEI – Brookings Joint Center for Regulatory Studies, Related Publication, 2005 （05 – 38）.

［41］ Sobel R S. Testing Baumol： Institutional quality and the productivity of entrepreneurship ［J］. Journal of Business Venturing, 2008, 23 （6）： 641 – 655.

［42］ Boettke P J, Coyne C J. Context Matters： Institutions and

Entrepreneurship［J］. Foundations and Trends in Entrepreneurship，2009，5（3）：135 – 209.

［43］Harper D A. Foundations of entrepreneurship and economic development［M］. Routledge，2003.

［44］邓海滨，廖进中. 制度安排与技术创新：基于负二项式模型的研究［J］. 科学学研究，2009，27（7）：1101 – 1109.

［45］Berrone P，Fosfuri A，Gelabert L，et al. Necessity as the mother of 'green' inventions：Institutional pressures and environmental innovations［J］. Strategic Management Journal，2013，34（8）：891 – 909.

［46］Gittelman M. National institutions，public – private knowledge flows，and innovation performance：A comparative study of the biotechnology industry in the US and France［J］. Research Policy，2006，35（7）：1052 – 1068.

［47］李玲，陶厚永. 纵容之手、引导之手与企业自主创新——基于股权性质分组的经验证据［J］. 南开管理评论，2013，16（3）：69 – 79.

［48］任洲鸿，尹振宇. 知识产权的政治经济学分析：以微笑曲线为例［J］. 当代经济研究，2016（1）：71 – 76.

［49］Nelson R R. The Simple Economics of Basic Scientific Research［J］. Journal of Political Economy，1959，67（3）：297 – 306.

［50］Arrow K J. The economic implications of learning by doing［J］. The Review of Economic Studies，1962，29（3）：155 – 173.

［51］仲为国，李兰路，江涌. 中国企业创新动向指数：创新的环境，战略与未来——2017 中国企业家成长与发展专题调查报告［J］. 管理世界，2017（6）：37 – 50.

［52］Cinarte J C，Park W G. Determinants of patent rights：A cross – national study［J］. Research Policy，1997，26（3）：283 – 301.

［53］Lin，Wu，Wang，et al. Intellectual Property in Inter – firm

R&D Collaboration, An Examination on the Role of IP Management Core Components [J]. International Journal of Science & Engineering, 2011, 3 (1): 1 – 12.

[54] 蔡地, 万迪昉, 罗进辉. 产权保护、融资约束与民营企业研发投入 [J]. 研究与发展管理, 2012, 24 (2): 85 – 93.

[55] 辛作义, 冯进路. 冗员、政府干预与国有企业技术创新的实证分析 [J]. 河南大学学报 (哲学社会科学版), 2003, 43 (1): 97 – 101.

[56] 韩剑, 郑秋玲. 政府干预如何导致地区资源错配——基于行业内和行业间错配的分解 [J]. 中国工业经济, 2014 (11): 69 – 81.

[57] 方军雄. 政府干预、所有权性质与企业并购 [J]. 管理世界, 2008 (9): 118 – 123.

[58] 张杰, 周晓艳, 李勇. 要素市场扭曲抑制了中国企业 R&D？[J]. 经济研究, 2011 (8): 78 – 91.

[59] 陈爽英, 井润田, 龙小宁, 等. 民营企业家社会关系资本对研发投资决策影响的实证研究 [J]. 管理世界, 2010 (1): 88 – 97.

[60] 蔡地, 万迪昉. 制度环境影响企业的研发投入吗？[J]. 科学学与科学技术管理, 2012, 33 (4): 121 – 128.

[61] 马卫红. 外资研发、制度环境与我国工业企业创新——基于微观企业数据的实证研究 [J]. 兰州商学院学报, 2015 (1): 26 – 35.

[62] 李春涛, 郭培培, 张璇. 知识产权保护, 融资途径与企业创新——基于跨国微观数据的分析 [J]. 经济评论, 2015 (1): 77 – 91.

[63] 卢峰, 姚洋. 金融压抑下的法治、金融发展和经济增长 [J]. 中国社会科学, 2004 (1): 42 – 55.

[64] 张一林, 龚强, 荣昭. 技术创新, 股权融资与金融结构转型 [J]. 管理世界, 2016 (11): 65 – 80.

[65] Stokes D, Blackburn R. Learning the hard way: the lessons of owner – managers who have closed their businesses [J]. Journal of

Small Business & Enterprise Development, 2008, 9 (1): 17 – 27.

[66] Mcgrath R G. Exploratory Learning, Innovative Capacity, and Managerial Oversight [J]. Academy of Management Journal, 2001, 44 (1): 118 – 131.

[67] Sarasvathy S D. Causation and Effectuation: Toward a Theoretical Shift from Economic Inevitability to Entrepreneurial Contingency [J]. Academy of Management Review, 2001, 26 (2): 243 – 263.

[68] Politis D. Does prior start – up experience matter for entrepreneurs' learning? A comparison between novice and habitual entrepreneurs [J]. Journal of Small Business & Enterprise Development, 2008, 15 (3): 472 – 489.

[69] Rerup C. Learning from past experience: Footnotes on mindfulness and habitual entrepreneurship [J]. Scandinavian Journal of Management, 2005, 21 (4): 451 – 472.

[70] Bandura, A. Regulative function of perceived self – efficacy [M] // M. G. Rumsey, C. B. Walker, & J. H. Harris (Eds.), Personnel selection and classification. Hillsdale, NJ, US: Lawrence Erlbaum Associates, Inc. 1994: 261 – 271.

[71] Brunstein J C, Gollwitzer P M. Effects of failure on subsequent performance: The importance of self – defining goals [J]. Journal of Personality and Social Psychology, 1996, 70 (2): 395 – 407.

[72] Cardon M S. Contingent labor as an enabler of entrepreneurial growth [J]. Human Resource Management, 2003, 42 (4): 357 – 373.

[73] 张玉利, 王晓文. 先前经验、学习风格与创业能力的实证研究 [J]. 管理科学, 2011, 24 (3): 1 – 12.

[74] 胡洪浩, 王重鸣. 国外失败学习研究现状探析与未来展望 [J]. 外国经济与管理, 2011, 33 (11): 39 – 47.

[75] Schutjens V, Stam E. Starting anew: Entrepreneurial inten-

tions and realizations subsequent to business closure [R]. Papers on Entrepreneurship, Growth and Public Policy, 2006.

[76] Davidsson P, Honig B. The role of social and human capital among nascent entrepreneurs [J]. Journal of Business Venturing, 2003, 18 (3): 301 –331.

[77] Cope J. Toward a dynamic learning perspective of entrepreneurship [J]. Entrepreneurship Theory and Practice, 2005, 29 (4): 373 –397.

[78] Politis D. The process of entrepreneurial learning: A conceptual framework [J]. Entrepreneurship Theory and Practice, 2005, 29 (4): 399 –424.

[79] Politis D, Gabrielsson J. Entrepreneurs' attitudes towards failure: An experiential learning approach [J]. International Journal of Entrepreneurial Behavior & Research, 2009, 15 (4): 364 –383.

[80] 倪宁. 创业失败经验对创业知识转化模式的影响 [J]. 工业工程与管理, 2011, 16 (2): 87 –91.

[81] Cope J. Entrepreneurial learning from failure: An interpretative phenomenological analysis [J]. Journal of Business Venturing, 2011, 26 (6): 604 –623.

[82] 赵文红, 孙万清, 王文琼, 等. 创业失败学习研究综述 [J]. 研究与发展管理, 2014, 26 (5): 95 –105.

[83] Ucbasaran D, Lockett A, Wright M, et al. Entrepreneurial Founder Teams: Factors Associated with Member Entry and Exit [J]. Entrepreneurship Theory and Practice, 2010, 28 (2): 107 –128.

[84] Mandl C, Berger E S C, Kuckertz A. Do you plead guilty? Exploring entrepreneurs' sensemaking – behavior link after business failure [J]. Journal of Business Venturing Insights, 2016 (5): 9 –13.

[85] Ucbasaran D, Westhead P, Wright M, et al. The nature of

entrepreneurial experience, business failure and comparative optimism [J]. Journal of Business Venturing, 2010, 25 (6): 541 – 555.

[86] 亚当·斯密. 国民财富的性质和原因的研究 [M]. 北京: 商务印书馆, 2011.

[87] Hanusch H, Pyka A. Principles of neo – Schumpeterian economics [J]. Cambridge Journal of Economics, 2006, 31 (2): 275 – 289.

[88] 约瑟夫·熊彼特. 经济发展理论: 对于利润、资本、信贷、利息和经济周期的考察 [M]. 北京: 商务印书馆, 2009.

[89] North, D. C., Thomas, R. P. 西方世界的兴起 [M]. 北京: 华夏出版社, 2009.

[90] 胡昌平, 邱允生. 试论国家创新体系及其制度安排 [J]. 中国软科学, 2000 (9): 120 – 124.

[91] 王郁芳, 文援朝. 失败论: 关于成功之母的幽思 [M]. 沈阳: 辽宁人民出版社, 1994.

[92] 金磊. 失误学与人为灾害研究导论 [M]. 城镇防灾, 1992.

[93] 钟群鹏, 田永江. 失效分析基础 [M]. 北京: 机械工业出版社, 1989.

[94] 刘世勇, 郭开仲, 孙东川. 管理科学中的一个创新性研究——错误理论的提出、进展和展望 [J]. 管理学报, 2010, 7 (12): 1749 – 1758.

[95] Ford R. HH&A: how leaders learn from failure [J]. Business Horizons, 1999, 42 (5): 17 – 17.

[96] Tucker A L, Edmondson A C, Spear S. When problem solving prevents organizational learning [J]. Journal of Organizational Change Management, 2002, 15 (2): 122 – 137.

[97] Cannon M D, Edmondson A C. Confronting failure: antecedents and consequences of shared beliefs about failure in organizational work groups

[J]. Journal of Organizational Behavior, 2001, 22 (2): 161 – 177.

[98] Shepherd D A. Grief recovery from the loss of a family business: A multi – and meso – level theory [J]. Journal of Business Venturing, 2009, 24 (1): 81 – 97.

[99] Mellahi K, Wilkinson A. Organizational failure: a critique of recent research and a proposed integrative framework [J]. International Journal of Management Reviews, 2004, 5 (1): 21 – 41.

[100] 李惠强, 吴贤国. 失败学与工程失败预警 [J]. 土木工程学报, 2003, 36 (9): 91 – 95.

[101] 王岳森, 李岱松. 失败学原理在工程安全管理及危机预警中的应用 [J]. 科研管理, 2006, 27 (4): 125 – 129.

[102] Dong M, Hirshleifer D, Richardson S, et al. Does investor misvaluation drive the takeover market? [J]. The Journal of Finance, 2006, 61 (2): 725 – 762.

[103] 于江, 张秋生, 王逸. 并购失败原因研究——基于终极控股股东利益攫取的视角 [J]. 证券市场导报, 2014 (11): 21 – 28.

[104] 于晓宇, 蒲馨莲, 李宁, 等. 内因? 外因? 别急着对创业失败归因 [J]. 清华管理评论, 2017 (5): 48 – 54.

[105] 方焱冬, 罗文兵. 审计失败案例: 形式 成因与治理 [J]. 郑州航空工业管理学院学报, 2018, 36 (4): 94 – 102.

[106] 梁新弘, 陈海权. 基于顾客视角的服务失败及归因研究 [J]. 现代财经: 天津财经学院学报, 2006, 26 (7): 53 – 55.

[107] 韩仁生, 徐念芳. 高中教师教学成败归因的研究 [J]. 教育科学, 2010 (4): 85 – 89.

[108] Yamakawa Y, Peng M W, Deeds D L. Rising from the ashes: Cognitive determinants of venture growth after entrepreneurialfailure [J]. Entrepreneurship Theory and Practice, 2015, 39 (2): 209 – 236.

[109] Weiner B. An attributional theory of achievement motivation

and emotion [J]. Psychological Review, 1985, 92 (4): 548 – 573.

[110] Tucker A L, Edmondson A C. Why hospitals don't learn from failures: Organizational and psychological dynamics that inhibit system change [J]. California Management Review, 2003, 45 (2): 55 – 72.

[111] Yeo R K, Marquardt M J. Problems as building blocks for organizational learning: A roadmap for experiential inquiry [J]. Group & Organization Management, 2010, 35 (3): 243 – 275.

[112] Baum J A C, Dahlin K B. Aspiration performance and railroads' patterns of learning from train wrecks and crashes [J]. Organization Science, 2007, 18 (3): 368 – 385.

[113] Peng M W, Luo Y. Managerial Ties and Firm Performance in a Transition Economy: The Nature of a Micro – Macro Link [J]. Academy of Management Journal, 2000, 43 (3): 486 – 501.

[114] Scott W R. Institutions and organizations: Ideas, interests, and identities [M]. Sage Publications, 2013.

[115] Ghemawat P. Managing differences: the central challenge of global strategy [J]. Harvard Business Review, 2007, 85 (3): 58.

[116] Pattnaik C., Soonkyoo C. Do institutional quality and institutional distance impact subsidiary performance? [C] // Academy of Management Meeting. 2007.

[117] Bac J H, Salomon R. Institutional distance in international business research [M] //The past, present and future of international business & management. Emerald Group Publishing Limited, 2010: 327 – 349.

[118] Berry H, Guillén M F, Zhou N. An institutional approach to cross – national distance [J]. Journal of International Business Studies, 2010, 41 (9): 1460 – 1480.

[119] 樊纲、王小鲁、张立文，等. 中国各地区市场化相对进

· 193 ·

程报告 [J]. 经济研究, 2003 (3): 9 – 18.

[120] 陈秀英, 刘胜, 顾乃华. 区域服务效率、制度环境与利用外资转型升级——基于服务业供给侧结构性改革视角 [J]. 财贸研究, 2018 (8): 1 – 15.

[121] 金祥荣, 茹玉骢, 吴宏. 制度、企业生产效率与中国地区间出口差异 [J]. 管理世界, 2008 (11): 65 – 77.

[122] Wang Q, Wong T J, Xia L. State ownership, the institutional environment, and auditor choice: Evidence from China [J]. Journal of Accounting & Economics, 2008, 46 (1): 112 – 134.

[123] 刘凤委, 孙铮, 李增泉. 政府干预、行业竞争与薪酬契约——来自国有上市公司的经验证据 [J]. 管理世界, 2007 (9): 76 – 84.

[124] 罗险峰. 影响企业采用技术创新决策的因素分析 [J]. 科学学与科学技术管理, 1999, 20 (6): 10 – 12.

[125] 林嵩. 创业失败综述: 研究传统、前沿议题与未来机会 [J]. 科学学与科学技术管理, 2016, 37 (8): 58 – 67.

[126] 于晓宇, 李厚锐, 杨隽萍. 创业失败归因、创业失败学习与随后创业意向 [J]. 管理学报, 2013, 10 (8): 1179.

[127] 王朋举. 政府补偿企业科技创新失败项目的对象选择研究 [J]. 企业经济, 2016 (4): 175 – 178.

[128] 谢小芳, 李懿东, 唐清泉. 市场认同企业的研发投入价值吗? 来自沪深 A 股市场的经验证据 [J]. 中国会计评论, 2009 (3): 299 – 314.

[129] Peng M W, Heath P S. The growth of the firm in planned economies in transition: Institutions, organizations, and strategic choice [J]. Academy of Management Review, 1996, 21 (2): 492 – 528.

[130] 张洪辉, 王宗军. 政府干预、政府目标与国有上市公司的过度投资 [J]. 南开管理评论, 2010, 13 (3): 101 – 108.

［131］金融之家. 哈佛商学院发现创新失败率达 47% 揭秘消费者为何抵触新产品 ［EB/OL］. ［2016－12－05］. https：//www.jrzj.com/174116.html.

［132］邸俊鹏，王浩宇. 企业创新的失败容忍度，激励与行为选择 ［J］. 上海经济研究，2018 （2）：16－26.

［133］刘建国. 创新过程技术间断与创新失败的实证研究 ［J］. 科技管理研究，2016，36 （1）：17－21.

［134］罗党论，唐清泉. 中国民营上市公司制度环境与绩效问题研究 ［J］. 经济研究，2009 （2）：106－118.

［135］杨代刚. 制度环境与区域科技创新能力的关系研究 ［D］. 大连：东北财经大学，2013.

［136］Hall B，Reenen J V. How Effective are Fiscal Incentives for R&D? A New Review of the Evidence ［J］. Research Policy，1999，29 （4）：449－469.

［137］Czarnitzki D，Hanel P，Rosa J M. Evaluating the impact of R&D tax credits on innovation：A microeconometric study on Canadian firms ［J］. Research Policy，2011，40 （2）：217－229.

［138］Bérubé C，Mohnen P. Are Firms That Receive R&D Subsidies More Innovative? ［J］. Canadian Journal of Economics/revue Canadienne Déconomique，2010，42 （1）：206－225.

［139］González X，Pazó C. Do public subsidies stimulate private R&D spending? ［J］. Research Policy，2008，37 （3）：371－389.

［140］解维敏，唐清泉，陆姗姗. 政府 R&D 资助，企业 R&D 支出与自主创新——来自中国上市公司的经验证据 ［J］. 金融研究，2009 （6）：86－99.

［141］任曙明，吕镯. 融资约束、政府补贴与全要素生产率——来自中国装备制造企业的实证研究 ［J］. 管理世界，2014 （11）：10－23.

[142] 杨洋, 魏江, 罗来军. 谁在利用政府补贴进行创新? —— 所有制和要素市场扭曲的联合调节效应 [J]. 管理世界, 2015 (1): 75 - 86.

[143] Wallsten S J. The Effects of Government – Industry R&D Programs on Private R&D: The Case of the Small Business Innovation Research Program [J]. Rand Journal of Economics, 2000, 31 (1): 82 - 100.

[144] Antonelli C, Crespi F. Matthew effects and R&D subsidies: knowledge cumulability in high – tech and low – tech industries [J]. Giornale degli Economisti e Annali di Economia, 2012: 5 - 31.

[145] Catozzella A, Vivarelli M. The possible adverse impact of innovation subsidies: some evidence from Italy [J]. International Entrepreneurship & Management Journal, 2016, 12 (2): 1 - 18.

[146] 马忠, 刘宇. 企业多元化经营受政府干预、企业资源的影响 [J]. 中国软科学, 2010 (1): 116 - 127.

[147] Goolsbee A. Does Government R&D Policy Mainly Benefit Scientists and Engineers? [J]. American Economic Review, 1998, 88 (2): 298 - 302.

[148] Cull R, Xu L C. Who gets credit? The behavior of bureaucrats and state banks in allocating credit to Chinese state – owned enterprises [J]. Journal of Development Economics, 2004, 71 (2): 533 - 559.

[149] Maskus K E, Neumann R, Seidel T. How national and international financial development affect industrial R&D [J]. European Economic Review, 2012, 56 (1): 72 - 83.

[150] Benfratello L, Schiantarelli F, Sembenelli A. Banks and innovation: Microeconometric evidence on Italian firms [J]. Journal of Financial Economics, 2008, 90 (2): 197 - 217.

[151] 康志勇, 张杰. 制度对我国本土制造业企业自主创新的

影响——来自中国微观企业的经验证据 ［J］. 研究与发展管理，2010，22（6）：103 - 111.

［152］张志强. 金融发展、研发创新与区域技术深化 ［J］. 经济评论，2012（3）：82 - 92.

［153］Beck T, Demirgüç - Kunt A, Maksimovic V. Financing patterns around the world：Are small firms different? ［J］. Journal of Financial Economics, 2008, 89（3）：467 - 487.

［154］Luo Y, Park S H. Strategic alignment and performance of market - seeking MNCs in China ［J］. Strategic Management Journal, 2001, 22（2）：141 - 155.

［155］Tassey G. Policy Issues for R&D Investment in a Knowledge - Based Economy ［J］. Journal of Technology Transfer, 2004, 29（2）：153 - 185.

［156］Nordhaus W D. An Economic Theory of Technological Change ［J］. Cowles Foundation Discussion Papers, 1969, 59（2）：18 - 28.

［157］Claessens S, Laeven L. Financial development, property rights, and growth ［J］. The Journal of Finance, 2003, 58（6）：2401 - 2436.

［158］方颖，赵扬. 寻找制度的工具变量：估计产权保护对中国经济增长的贡献 ［J］. 经济研究，2011（5）：138 - 148.

［159］Maslach D. Change and persistence with failed technological innovation ［J］. Strategic Management Journal, 2016, 37（4）：714 - 723.

［160］王小鲁. 中国分省份市场化指数报告：2016 ［M］. 北京：社会科学文献出版社，2017.

［161］肖作平. 所有权和控制权的分离度、政府干预与资本结构选择——来自中国上市公司的实证证据 ［J］. 南开管理评论，2010，13（5）：144 - 152.

［162］代光伦，邓建平，曾勇. 金融发展、政府控制与融资约

束 [J]. 管理评论, 2012, 24 (5): 21 – 29.

[163] 孙刚, 宋夏云. 金融市场化, 政府干预机制与企业创新投入效率 [J]. 财经论丛, 2016, 204 (2): 47 – 55.

[164] 李诗田, 邱伟年. 政治关联, 制度环境与企业研发支出 [J]. 科研管理, 2015 (4): 56 – 64.

[165] Allen J W, Phillips G M. Corporate Equity Ownership, Strategic Alliances, and Product Market Relationships [J]. Journal of Finance, 2000, 55 (6): 2791 – 2815.

[166] 刘慧龙, 吴联生. 制度环境、所有权性质与企业实际税率 [J]. 管理世界, 2014 (4): 42 – 52.

[167] 陈紫晴, 杨柳勇. 融资结构、R&D 投入与中小企业成长性 [J]. 财经问题研究, 2015 (9): 44 – 51.

[168] 左晶晶, 唐跃军, 季志成. 政府干预、市场化改革与公司研发创新 [J]. 研究与发展管理, 2016, 28 (6): 80 – 90.

[169] 马光荣, 李力行. 金融契约效率、企业退出与资源误置 [J]. 世界经济, 2014 (10): 77 – 103.

[170] Demirbag M, Tatoglu E, Glaister K W. Equity – based entry modes of emerging country multinationals: Lessons from Turkey [J]. Journal of World Business, 2009, 44 (4): 445 – 462.

[171] 范黎波, 刘瀚龙. 政府规制负担、中介组织与技术创新效率 [J]. 吉林大学社会科学学报, 2017 (6): 75 – 83.

[172] 袁微. 二值选择模型内生性检验方法, 步骤及 Stata 应用 [J]. 统计与决策, 2018 (6): 15 – 20.

[173] 江诗松, 龚丽敏, 魏江. 转型经济背景下后发企业的能力追赶: 一个共演模型——以吉利集团为例 [J]. 管理世界, 2011 (4): 122 – 137.

[174] Minniti M, Bygrave W. A dynamic model of entrepreneurial learning [J]. Entrepreneurship Theory and Practice, 2001, 25 (3): 5 –

16.

[175] 蔡潇彬. 诺斯的制度变迁理论研究 [J]. 东南学术, 2016 (1): 120 - 127.

[176] 周小亮, 李婷. 技术创新与制度创新协同演化下促进经济增长的条件研究 [J]. 东南学术, 2017 (1): 189 - 197.

[177] 生延超. 创新投入补贴还是创新产品补贴: 技术联盟的政府策略选择 [J]. 中国管理科学, 2008, 16 (6): 184 - 192.

[178] 谢识予. 经济博弈论 [M]. 上海复旦大学出版社, 2002.

[179] Fridernan D. Evolutionary games in economics [J]. Econometrica, 1991, 59 (3): 637 - 666.

[180] 张三保, 熊雅. 中国地方官员与区域经济发展研究 [J]. 武汉大学学报 (哲学社会科学版), 2017 (6): 33 - 41.

[181] Dutta S, Lanvin B, Wunsch - Vincent S. The global innovation index 2017: Innovation feeding the world [R]. Geneva, Switzerland, by the World Intellectual Property Organization (WIPO), and in New Delhi, India, by the Confederation of Indian Industry (CII), 2017.

[182] 中国 (深圳) 综合开发研究院. 综合开发研究院在成都、阿布扎比发布全球金融中心指数 (GFCI 22) [EB/OL]. [2017 - 09 - 01]. http: //www. cdi. com. cn/detail. aspx? cid = 5253.

[183] Hu A G. Ownership, Government R&D, Private R&D, and Productivity in Chinese Industry [J]. Journal of Comparative Economics, 2001, 29 (1): 136 - 157.

[184] Mueller D C, Yurtoglu B B. Country Legal Environments and Corporate Investment Performance [J]. German Economic Review, 2010, 1 (2): 187 - 220.

[185] 鲍丰华, 赵亚普, 田龙伟, 李垣. 嵌入视角下的连锁董事网络、制度环境与民营企业慈善捐赠 [J]. 管理学报, 2018, 15

（10）：1037 - 1046.

[186] 胡明霞. 管理层权力、技术创新投入与企业绩效 [J].
科学学与科学技术管理，2015，36（8）：140 - 149.

[187] Wakelin K. Productivity growth and R&D expenditure in UK manufacturing firms [J]. Research Policy, 1997, 30 (7): 1079 - 1090.

[188] 梁莱歆，张永榜. 我国高新技术企业 R&D 投入与绩效现状调查分析 [J]. 研究与发展管理，2006，18（01）：50 - 54.

[189] Rouvinen P. R&D - Productivity Dynamics: Causality, Lags, and Dry Holes [J]. Journal of Applied Economics, 2002, 5 (May): 123 - 156.

[190] 鲁盛潭，方旻. 高科技、高成长性企业 R&D 投入与企业绩效的相关性分析 [J]. 财会月刊，2011（36）：12 - 15.

[191] Connolly R A, Hirschey M. Firm size and the effect of R&D on Tobin's q [J]. R&D Management, 2010, 35 (2): 217 - 223.

[192] 解维敏，唐清泉. 企业研发投入与实际绩效：破题 A 股上市公司 [J]. 改革，2011（3）：100 - 107.

[193] Sharma C. R&D and firm performance: evidence from the Indian pharmaceutical industry [J]. Journal of the Asia Pacific Economy, 2012, 17 (2): 332 - 342.

[194] Falk M. Quantile estimates of the impact of R&D intensity on firm performance [J]. Small Business Economics, 2012, 39 (1): 19 - 37.

[195] 赵月红，许敏. R&D 投入对企业绩效影响的研究——基于长三角上市公司 2006 ~ 2010 年的面板数据 [J]. 科技管理研究，2013，33（12）：95 - 98.

[196] 郭斌. 规模、R&D 与绩效：对我国软件产业的实证分析 [J]. 科研管理，2006，27（1）：123 - 128.

[197] 陆玉梅，王春梅. R&D 投入对上市公司经营绩效的影响研究——以制造业、信息技术业为例 [J]. 科技管理研究，2011，

31 (5): 122 - 127.

［198］Lin B W, Lee Y, Hung S C. R&D intensity and commercialization orientation effects on financial performance ［J］. Journal of Business Research, 2006, 59 (6): 679 - 685.

［199］洪俊杰, 石丽静. 自主研发、地区制度差异与企业创新绩效——来自 371 家创新型企业的经验证据 ［J］. 科学学研究, 2017, 35 (2): 310 - 320.

［200］Jensen M C, Meckling W H. Rights and Production Functions: An Application to Labor - managed Firms and Codetermination ［J］. Journal of Business, 1979, 52 (4): 469 - 506.

［201］Arrow K J. Economic welfare and the allocation of resources forinvention ［M］//Readings in Industrial Economics. Palgrave, London, 1972: 219 - 236.

［202］钟熙. CEO 特征, 国际化速度与企业绩效 ［J］. 中国科技论坛, 2018 (9): 141 - 147.

［203］宋铁波, 钟熙. 期望差距与企业国际化速度: 来自中国制造业的证据 ［J］. 中国工业经济, 2017 (6): 175 - 192.

［204］叶志强, 赵炎. 独立董事、制度环境与研发投入 ［J］. 管理学报, 2017, 14 (7): 1033 - 1040.

［205］陈国卫, 金家善, 耿俊豹. 系统动力学应用研究综述 ［J］. 控制工程, 2012, 19 (6): 5 - 12.

［206］李洪波, 熊励, 刘寅斌. 基于系统动力学的信息管理研究: 框架与综述 ［J］. 情报科学, 2017 (2): 164 - 170.

［207］贾仁安. 组织管理系统动力学 ［M］. 北京: 科学出版社, 2014.

［208］黄亮. 当代中国地方政府创新的动力: 要素与模式 ［D］. 杭州: 浙江大学, 2017.